Beate Umland/Susanne Ott

Ganzheitliche mathematische Frühförderung für Vorschulkinder

Ausgearbeitete Praxiseinheiten zur Vorbereitung auf das Schulfach Mathematik

9783403044567

Auer

Gedruckt auf umweltbewusst gefertigtem, chlorfrei gebleichtem und alterungsbeständigem Papier.

4. Auflage 2019

Covergestaltung: P.S. Petry & Schwamb, Freiburg
Satz: Auer Verlag, Augsburg
Druck und Bindung: Esser printSolutions GmbH
ISBN 978-3-403-**04456**-7
www.auer-verlag.de

Inhalt

Zur Entstehung dieses Buches

Wir haben bei Schülern, Kindergartenkindern und unseren eigenen Kindern beobachtet, wie sich mathematisches Verständnis entwickelt. Dabei erkannten wir, wie wichtig es ist, die Begeisterung der Kleinen für Formen, Mengen und Zahlen ernst zu nehmen. Frühzeitige Förderung kann zum einen individuelle Begabung stärken, zum anderen Schwächen aufdecken und dann adäquate Hilfen anbieten. Wie schwer ist es doch, später bei Schulkindern Lücken im Verständnis zu schließen und wie groß vielleicht der Leidensdruck, den diese Kinder in der Schule erleben. Dann entstehen möglicherweise solche Aussagen wie: „Mathe war noch nie mein Ding!" Dabei kann Mathe so spannend sein! In diesem Sinne wünschen wir allen Lesern dieses Buches viele „Aha-Erlebnisse" und Spaß beim Arbeiten mit den Kindern.

Konzeption und Zielsetzung der Praxiseinheiten

Ein mathematisches Grundverständnis ist in der Regel bei jedem Kind vorhanden. Viele Kinder eignen sich schon vor Schuleintritt aus eigenem Antrieb und auf natürliche Weise Wissen über Mengen und Zahlen an. Eine interessante, anregende Lernumgebung lässt Kinder im Kindergarten eine positive Lernhaltung beibehalten. Viele Kinderreime, Kinderlieder und Regelspiele greifen mathematische Grundelemente auf, die die Kinder in dieser Form ganz selbstverständlich und mit Freude annehmen. Sie entdecken beim Spielen Symbole, Größen, Formen, Körper und Reihenfolgen. Auch beim Helfen, sei es beim Tischdecken, Kochen oder Aufräumen, wird gezählt und bestimmte Abläufe werden eingehalten. Helfen macht also schlau!
Viele Erfahrungen, die für die kindliche Entwicklung wichtig sind, machen Kinder im Kindergarten, z. B. ist für die kognitive, emotionale und soziale Entwicklung das gemeinsame Spiel mit anderen Kindern von grundlegender Bedeutung. Förderung im Kindergarten sollte hier ansetzen. Die mathematische Frühförderung ist auch ein Teil der Gesamtförderung (mit Blick auf die Schule). Sie hilft den Kindern, verschiedene Zusammenhänge zu erkennen.
Der Begriff „Mathematische Frühförderung" ist bei Eltern und Erzieherinnen mit viel Skepsis verbunden. Zum einen könnte dies daran liegen, dass viele von ihnen keine positive Erinnerung an die eigene Schulzeit und insbesondere den Mathematikunterricht haben. Zum anderen stoßen Vorschulmappen, die oftmals eintönig aufgebaut sind und lediglich Zahlenbegriffe antrainieren, bei vielen auf Ablehnung.
Wir sind der Meinung, dass in der Vorschule kindgerecht und spielerisch erlebt werden soll, was später in der Schule abstrakt dargestellt wird. Mathematische Grundgedanken sollten aus der Lebenswelt der Kinder entwickelt werden. Die Kinder lernen Mengen, Formen, Flächen und Körper aus ihrer Umwelt näher kennen, vergleichen spielerisch Größen, Längen und Gewichte. In dem vorliegenden Buch sind Spiele zu diesen Themen in der Regel dynamisch gestaltet und kommen so dem hohen Bewegungsdrang der Kinder entgegen. Das Lernen in der Gruppe gibt Motivation und stärkt das Selbstvertrauen. Das einzelne Kind sollte ernst genommen werden, indem man ihm hilft und es nicht (negativ) bewertet. Eine entspannte Atmosphäre, die den Kindern das Gefühl gibt, auch Fehler machen zu dürfen, ist für die Stunden sehr wichtig. Hier erfährt das Kind Lob und Anerkennung. So prägen sich mathematische Grundelemente besser ein.

Vorbereitung, Stundenablauf und Reflexion nach Stundenende

Im Mittelpunkt der Stunden stehen verschiedene mathematische Grundelemente, die durch das Lernen mit verschiedenen Sinnen geschult werden. Das Lernverhalten der Kinder hängt in hohem Maße vom Verhalten der Erzieherin ab. In entspannter Atmosphäre bekommen die Kinder Zuwendung und erleben, dass man Fehler machen darf und sogar daraus lernen kann. Die Stunden sind von Fantasie und Humor geprägt. Zu Beginn jeder Stunde wird jedes Kind zu einer Äußerung angeregt, frei nach dem Motto: „Am Anfang gib jedem eine Stimme!" Dies kann geschehen durch ein gemeinsames Lied oder ein kurzes Gespräch im Kreis. So entsteht ein für die Gruppe wichtiges Zusammengehörigkeitsgefühl.

Mathematische Frühförderung sollte nicht in einem zu engen Raum stattfinden, sondern in einem möglichst großzügig geschnittenen Bewegungsraum. Die Gruppengröße sollte zehn Kinder nicht überschreiten. Konzentriertes Arbeiten am Platz oder im Spiel wird immer wieder mit Bewegungselementen abgewechselt. So werden auch Kinder ermutigt, sich zu beteiligen, die sich sonst in einer Gruppe eher zurückhalten.
Kinder mit Wahrnehmungsstörungen bemerken sehr schnell ihre Defizite und ziehen sich zurück oder versuchen, den Stundenablauf zu stören. Beide Verhaltensweisen hemmen das Lernen des Kindes und Frustration kann entstehen. Aufgabe der Erzieherin ist es, diese Kinder dort abzuholen, wo sie stehen, und ihnen Aufgaben zu stellen, die sie lösen können, um so ihre Lernmotivation und ihr Selbstvertrauen zu steigern. Ein Gespräch mit den Eltern ist ebenfalls hilfreich; oft kann man diesen Kindern mit einer gezielten Förderung oder Therapie helfen, sodass sie bis zur Einschulung ein positives Lern- und Gruppenverhalten zeigen.

Wir verstehen dieses Buch als **Arbeitsbuch**, d. h., dass die Spiele zu den mathematischen Themen der jeweiligen Situation angepasst werden müssen: Will man ein Vorschuljahr im Kindergarten oder einen zehnstündigen Kurs für Vorschulkinder gestalten oder möchte man seine Arbeit schon mit vier- bis fünfjährigen Kindern beginnen? Wir geben jeweils **Vorschläge zum Stundenablauf**. Die Wahl der Spiele und Lerneinheiten hängt jedoch immer von der Gruppengröße und den Räumlichkeiten ab. Nicht vergessen darf man auch die Persönlichkeit der Erzieherin, die die Atmosphäre in großem Maße prägt. Sie sollte sich selbst wohl fühlen und bei den Spielen Spaß haben, dann kann der Funke am ehesten auf die Kinder überspringen.
Die Praxiseinheiten bauen aufeinander auf und sind in die **drei Phasen Begrüßung, Spielphase und Abschluss** gegliedert. Der Begrüßungsteil ist als Aufwärmphase gedacht. Die Kinder stellen sich auf die Gruppe und die Erzieherin ein. In der (Haupt-)Spielphase werden verschiedene ganzheitliche Spiele zum Thema der Stunde angeboten. Bei den Zahlen 1 bis 10 erfolgt zunächst die Vorstellung der jeweiligen Zahl in Verbindung mit dem „Geheimzeichen" (entsprechende Anzahl der Finger). In der Schlussphase dürfen sich die Kinder ein besonders beliebtes Spiel wünschen. Alle erstellten Produkte werden aufgehängt oder in der **Materialtasche** verstaut. Diese bastelt sich jedes Kind in der ersten Stunde und darf sie nach der letzten Praxiseinheit als Erinnerung mit nach Hause nehmen.
Viele **Materialien** für die Stunden sind im Kindergarten bereits vorhanden oder können leicht selbst erstellt werden. Bei der Auflistung der Materialien zu Beginn der Stunden gehen wir immer von einer Gruppe mit zehn Kindern aus. Sind mehr oder weniger Kinder in der Gruppe, muss das Material entsprechend angepasst werden.
Damit die einzelnen Lern- und Spielangebote ansprechend und motivierend für die Kinder sind, sollte die Erzieherin alle Spielphasen bzw. die einzelnen Spiele erzählend miteinander verbinden. Ebenso sollte sie gut beobachten, ob alle Kinder die Spielaufgaben verstanden haben. Manchmal ist es nötig, die Aufgabe zu verändern, um alle Kinder zu erreichen.
Für viele Spiele ist es notwendig, die Kinder in zwei Gruppen aufzuteilen. Eine gute Methode dafür ist das „Gänsefüßchenspiel" mit Zahlen: Zwei Kinder stellen sich ca. drei Meter voneinander entfernt auf. Das erste Kind setzt seinen Fuß vor den anderen und sagt: „Eins". Das andere Kind setzt auch seinen Fuß vor den anderen und sagt: „Zwei". Das geht so lange, bis kein Fuß mehr gesetzt werden kann. Wird vorher die Zehn erreicht, so kann man wieder bei der Eins beginnen. Der Sieger ist derjenige, der den letzten Schritt macht. Er wählt das erste Kind für seine Mannschaft.

Die Erzieherin sollte jede Stunde **auswerten**. Wichtige Punkte hierbei können sein:

- Haben die Kinder die Aufgaben verstanden?
- Hat sich ein Kind besonders hervorgetan oder sich mehr zugetraut als vorher?
- War die Mitarbeit der Gruppe gut?
- Hat es allen Spaß gemacht?

Anmerkung:

Zur besseren Lesbarkeit des Textes wird auf die doppelte Nennung von Erzieherinnen und Erziehern zugunsten der weiblichen Form verzichtet.

Die erste Stunde zum Kennenlernen

Material

- ✓ Schwungtuch
- ✓ Zeitungen, Papier, Klebestifte, Scheren
- ✓ 1 Stofftasche pro Kind
- ✓ Textilmalstifte für alle Kinder

Spiele zum Kennenlernen

Wir beginnen mit einer Stunde zum Kennenlernen, damit die Kinder sich untereinander und mit der Erzieherin vertraut machen können. Dieser Aspekt kann bei schon bestehenden Gruppen in den Hintergrund treten. Wir wollen den Kindern ihr bereits vorhandenes mathematisches Wissen bewusst machen und ihnen zeigen, dass Zahlen in ihrem Leben in verschiedenen Bereichen eine Rolle spielen. Die Kinder werden somit da abgeholt, wo sie stehen, um dann mit ihnen Schritt für Schritt weiterzugehen.
In dieser ersten Stunde dekoriert jedes Kind seine eigene Materialtasche (Baumwolltasche aus dem Supermarkt), in der es alle Dinge sammelt, die in den folgenden Stunden hergestellt werden. So ist immer alles griffbereit und die Tasche kann später mit nach Hause genommen werden.

Begrüßung

Kennenlernspiel mit Schwung(-tuch)

Alle Kinder sitzen im Kreis auf dem Schwungtuch. Ein Kind wird von der Erzieherin aufgefordert, sich mit seinem Namen vorzustellen und so oft in die Hände zu klatschen, wie es Jahre alt ist. Die anderen Kinder sollen sagen, welches Alter sie gehört haben. Wenn das richtige Alter herausgefunden wurde, ist das nächste Kind an der Reihe, bis alle Kinder sich vorgestellt haben. Zum Schluss kann die Erzieherin ihr Alter klatschen und das Alter dazu nennen.

Kennenlernspiel mit Quatschnamen

Alle Kinder stehen im Kreis. Ein Kind geht um den Kreis herum. Es berührt dabei nacheinander jedes Kind, an dem es vorbei kommt, und sagt dabei laut seinen eigenen Namen. Sobald das Kind einen anderen (lustigen) Namen nennt, wie z. B. Willibald, rennt es los. Das zuletzt berührte Kind wird zum Fänger und versucht, den Weglaufenden zu fangen. Die Verfolgungsjagd endet, wenn das verfolgte Kind den frei gewordenen Platz erreicht hat. Dann geht der Fänger herum, berührt die Kinder und nennt seinen Namen. Wird das gejagte Kind gefangen, so muss es erneut eine Runde drehen.

Indianerlied als Begrüßungslied

Die Erzieherin erzählt: „Hier sind genau 10 Kinder wie in einem Lied, das ich euch mitgebracht habe. Hört erst mal gut zu, dann singen wir es gemeinsam." Sie singt auf eine erfundene Melodie folgenden Text und zeigt dabei der Reihe nach auf die Kinder:

1 Indi…, 2 Indi…, 3 Indianer, 4 Indi…, 5 Indi…, 6 Indianer,
7 Indi…, 8 Indi…, 9 Indianer, 10 kleine Indianer.

Die Kinder verstecken zuerst ihre Hände hinter dem Rücken und bei „1 Indi ..." wird die erste Hand hervorgeholt und ein Finger zeigt die Eins an, danach die Zwei, Drei usw. Bei „6 Indianer" wird die zweite Hand hervorgeholt und die Finger der Reihe nach hochgestreckt. Bei „10 kleine Indianer" drehen alle Kinder beide Hände in der Luft.

Spielphase

Zahlen gibt es überall

Die Erzieherin fragt die Kinder: „Wer von euch hat schon mal irgendwo Zahlen gesehen und verrät uns, wo man welche finden kann?" Die Kinder sollen aus ihren Erlebnisbereichen aufzählen, wo es überall Zahlen gibt, z. B. als Hausnummer, auf Uhren, Autokennzeichen, Fernbedienungen, Telefonen, Displays, Schildern, Zeitungen, Mathebüchern (von Geschwistern), Büchern, Geburtstagstorten.

Was man alles zählen kann

Die Erzieherin fragt die Kinder: „Wer von euch hat schon mal etwas gezählt? Was kann man alles zählen?" Die Kinder zählen auf, was man alles zählen kann, z. B. Socken, Kinder, Bonbons, Autos.
Falls die Kinder das Tischdecken nicht nennen, bringt es die Erzieherin ins Gespräch, denn hier kann man alles zählen: Teller, Löffel, Gläser usw. Die Erzieherin fragt, ob jedes Kind schon einmal einen Tisch gedeckt hat. An dieser Stelle bietet sich als „Hausaufgabe" an, dass jedes Kind bis zum nächsten Mal zu Hause den Tisch deckt und dabei darauf achtet, was man alles zählen kann.

Basteln einer Materialtasche

Jedes Kind bekommt eine Stofftasche und darf mit Textilmalstiften seine Tasche nach Belieben dekorieren, z. B. mit seinem Namen, bereits bekannten Zahlen, Bildern. Es wird erklärt, dass selbst erstellte Produkte in diese Tasche kommen und die Kinder sie als Geschenk und Erinnerung an die Stunden behalten dürfen.

Collage der Zahlenbilder

Die Kinder dürfen aus Zeitungen Bilder ausschneiden/-reißen, auf denen Zahlen stehen oder man etwas zählen kann. Jedes Kind klebt dann seine eigene Zahlenbild-Collage.

Abschluss

Rundherum um das Schwungtuch

Alle Kinder schwingen zusammen das Tuch rauf und runter und versuchen, einen gemeinsamen Rhythmus zu finden. Dabei kann gezählt werden. Danach laufen die Kinder auf Kommando unter dem Tuch hindurch zu einem neuen Platz. Solche Kommandos können z. B. folgende sein:

- Alle Kinder, die einen Bruder (zwei Brüder, eine Schwester, keine Geschwister ...) haben.
- Alle Kinder, die 5 Jahre (6 Jahre) alt sind.
- Alle Kinder, die bei der Farbe Rot (Gelb, Blau etc.) stehen.

Zum Schluss laufen alle unter das Tuch und setzen sich auf den Boden. Hier kann vor dem Verabschieden eine kleine Zahlengeschichte erzählt werden, die auf die nächste Stunde vorbereitet (siehe Seite 14).

Einführung des Zahlenweges bis 10

Vorbemerkungen

In den folgenden fünf Stunden werden die Zahlen von 1 bis 10 in Zweierschritten eingeführt. Um Zahlen richtig zu benennen, muss einem visuellen Symbol das gesprochene Wort zugeordnet werden können. Dies bedarf eines gut trainierten visuellen Erinnerungsvermögens. Bildhaft dargebotene Mengen müssen erfasst und verarbeitet werden.

Die Kinder werden durch den Aufbau eines Zahlenweges mit den Grundlagen unseres Zahlensystems bekannt gemacht. Das spielerische Lernen, verknüpft mit Sinneserfahrungen und Bewegungselementen, hilft den Kindern, mit den unterschiedlichen Zahlen und Mengen vertraut zu werden. Dieser Aufbau ist auch für Vier- bis Fünfjährige geeignet.

Beim Aufbau des Zahlenweges fangen einige Kinder spontan an, Mengen zusammenzuzählen. Dieses Interesse kann aufgegriffen werden. Plus- und Gleichheitszeichen können auch in diesem Zusammenhang schon vorgestellt werden (siehe auch Einheiten zu Plus und Minus, S. 52).

Material

Das Arbeitsmaterial ist in der Regel in Kindergärten vorhanden oder kann mit einfachen Mitteln selbst hergestellt werden. Für die nächsten fünf Einheiten werden folgende Dinge benötigt:

1. *Dinge, die meist im Kindergarten vorhanden sind:*
   - mehrere Seile oder lange Schnürsenkel
   - Reifen mit einzeln und paarweise vorkommenden Gegenständen (für die Zahlen 1 und 2)
   - Reifen mit drei- und vierfach vorkommenden Gegenständen (für die Zahlen 3 und 4)
   - Gymnastikreifen
   - Bauwagen mit Bausteinen
   - Tamburin
   - Papier und Pappe
   - Stifte und Wachsmalstifte für alle Kinder
   - kleine Kiste mit Murmeln oder schönen Steinen
   - Legosteine oder Steine
   - Zehnerwürfel und zwei große Sechserwürfel
   - Sandsäckchen in verschiedenen Farben
   - Musik

2. *Dinge, die leicht herzustellen sind:*
   - 10 Zahlenkarten mit Zahlen von 1 bis 10 in der Größe DIN A4 für jedes Kind (für den Zahlenweg)
   - ein größeres Zahlenweg-Exemplar für die Erzieherin
   - Zahlenkarten mit den Zahlen 1 und 2 für jedes Kind
   - 55 Sticker pro Kind, um sie als Zählbilder neben die Zahlen zu kleben
   - 8 Haftetiketten mit den Zahlen von 1 bis 8 für jedes Kind
   - großer, runder, gelber Karton (Sonne)

Kopiervorlagen:
Lied „Mein Dackel Waldemar und ich“, S. 56; Schmetterlinge (auf bunte Pappe kopieren, in je 6 Teile schneiden), S. 57

Erläuterung diverser Begriffe

- **Zahlenweg aus Zahlenkarten:**
  DIN-A4-Blätter (evtl. farbig), die mit großen Zahlen von 1-10 beschrieben sind.

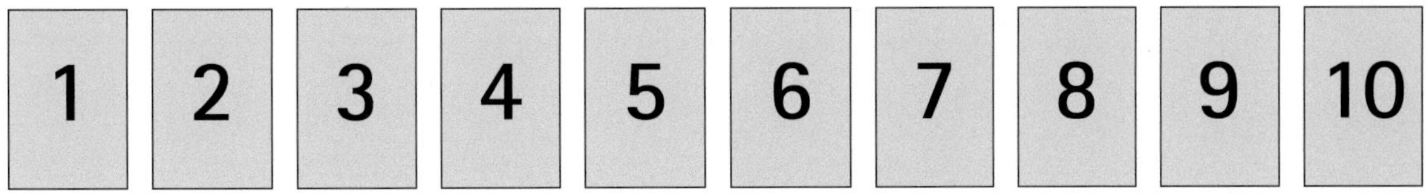

- **Zählbilder:**
  Verschiedene Sticker/Aufkleber, die in großer Anzahl vorhanden sind.

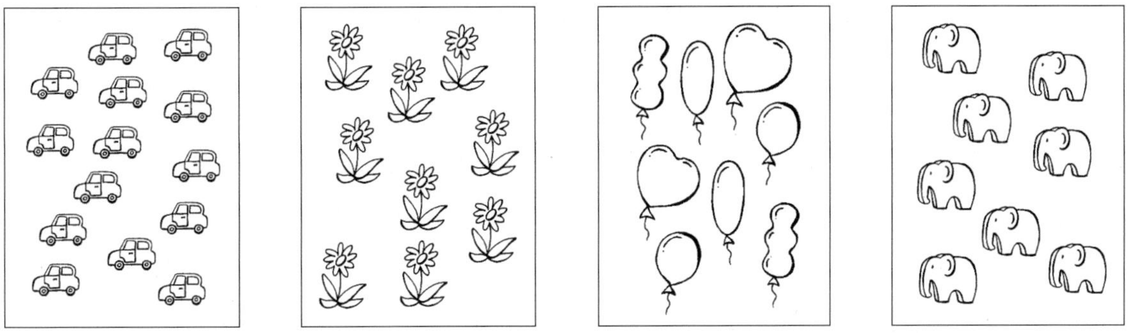

- **Würfelbilder:**
  Punkte, die angeordnet sind wie auf einem Würfel.

- **Geheimzeichen:**

Die Zahlen 1 und 2

Material

- ✓ Zahlenkarten mit den Zahlen 1 und 2
- ✓ Gymnastikreifen und Gegenstände (einzeln bzw. doppelt)
- ✓ mehrere Seile oder lange Schnürsenkel
- ✓ 20 Zahlenkarten: 10 mit der Zahl 1 und 10 mit der Zahl 2
- ✓ 20 Zählbilder: 10 für die Zahl 1 und 10 für die Zahl 2
- ✓ Haftetiketten mit den Zahlen 1 und 2 für alle Kinder
- ✓ je 2 Zahlenkarten mit den Zahlen 1 und 2 für alle Kinder
- ✓ viele Sticker
- ✓ Musik

Für die Spielvariante: Zeitungen und Kataloge, Scheren, Klebestifte

Begrüßung

Laufspruch

Die Erzieherin erklärt, dass heute die erste Zahlenstunde beginnt. Zunächst sollen alle Zahlen mit ihrem Namen einmal gehört werden. Die Erzieherin spricht den Kindern folgenden Spruch vor und macht passende Bewegungen dazu:

1, 2, 3, 4, 5, 6, 7, 8, 9, 10,
ein Hut, ein Stock, ein Regenschirm
und vorwärts, rückwärts, seitwärts, ran!

Die Erzieherin betont die Wörter sehr deutlich und geht im Sprechrhythmus mit den Kindern durch den Raum und alle sprechen den Vers.

Die Zahlen 1 und 2 werden vorgestellt

Die Kinder sitzen im Kreis. Die Erzieherin legt Zahlenkarten mit den Zahlen 1 und 2 in die Mitte und daneben einen Reifen mit mehreren einzelnen oder paarweise vorkommenden Gegenständen, z. B. ein Auto, zwei Legosteine, zwei Sandsäckchen, ein Bauklotz.
Die Kinder überlegen, welche Gegenstände einmal und welche zweimal vorhanden sind. Dann werden die Gegenstände den Zahlen zugeordnet, indem einzelne neben die 1 und Paare neben die 2 gelegt werden.

Geheimzeichen

Die Erzieherin zeigt den Kindern die Geheimzeichen (siehe S. 9) für die beiden Zahlen: Ein Finger steht für die Zahl 1 und zwei Finger für die Zahl 2 (siehe oben).
Danach werden die Zahlen mit großen Bewegungen in die Luft gemalt.

Spielphase

Verzauberte Seile

Mit Seilen oder langen Schnürsenkeln werden die Zahlen 1 und 2 von den Kindern auf dem Boden gelegt.

Musikstopp-Spiel

Die Kinder werden in zwei Gruppen aufgeteilt. Die Erzieherin klebt allen Kindern der einen Gruppe die Zahl 1 und der anderen Gruppe die Zahl 2 als Haftetikette auf den Pulli. Die Kinder laufen zur Musik durch den Raum. Beim Stopp der Musik begrüßen die Einser- die Zweier-Kinder, z. B. durch Handschlag.

Fangspiel

Die beiden Gruppen stellen sich in zwei Reihen im Abstand von einem Meter gegenüber auf. Die Haftetiketten mit den Zahlen 1 bzw. 2 befinden sich noch auf den Pullis. Sobald die Erzieherin das Geheimzeichen für die Zahl 1 macht, laufen die Zweierkinder zu einer Wand im Raum. Die Einserkinder versuchen, sie zu fangen. Wird ein Kind vor Erreichen der Wand gefangen, wechselt es die Gruppe und bekommt eine neue Haftetikette.

Storchennester

Die Kinder sind in zwei Gruppen aufgeteilt und sitzen jeweils in „ihrem Storchennest" (Reifen). In der Raummitte liegen zehn Zahlenkarten mit der Zahl 1 und zehn mit der Zahl 2. Ebenso liegen dort zwanzig Zählbilder: zehn mit je einem Sticker und zehn mit je zwei Stickern. Die Erzieherin macht ein Geheimzeichen und die Störche fliegen los, um einen entsprechenden „Frosch" (Zahlkarte und Zählbild) zu fangen. Die Störche, die alle richtigen Frösche gefangen haben, sind Sieger.

Abschluss

Aufräumspiel

Nach dem Spiel „Storchennester" bekommt jede Mannschaft einen kleinen Eimer. Dann geht aus jedem Storchennest ein Kind zur anderen Mannschaft und bittet um einen „Frosch" mit dem Namen „1" oder „2". Dieser muss korrekt abgegeben werden und landet im Eimer. Dann sind die nächsten beiden Kinder an der Reihe usw., bis alles aufgeräumt ist.

Schritte für den Zahlenweg

Jedes Kind stellt die Schritte 1 und 2 für den Zahlenweg her. In einem Reifen liegen Sticker. Die Kinder bekommen jeweils zwei Pappen mit den Zahlen 1 und 2. Danach kleben sie entsprechend der Zahl einen bzw. zwei Sticker neben die entsprechende Zahl; so kann immer wieder nachgezählt werden und die Mengen können sich gut einprägen. Die zwei hergestellten „Schritte" für den Zahlenweg werden in der Materialtasche aufbewahrt.

Spielvariante:
Man kann auch Bilder aus Zeitungen oder Katalogen ausschneiden und sie mit einem Klebestift aufkleben.

Die Zahlen 3 und 4

Material

- ✓ Zahlenkarten mit den Zahlen von 1 bis 4
- ✓ Gegenstände (ein- bis vierfache Ausführung)
- ✓ 5 Gymnastikreifen
- ✓ Bausteine
- ✓ Haftetiketten mit den Zahlen von 1 bis 4
- ✓ je 2 Zahlenkarten mit den Zahlen 3 und 4 für alle Kinder
- ✓ viele Sticker

Kopiervorlagen: Lied „Mein Dackel Waldemar und ich“, S. 56

Begrüßung

Mein Dackel Waldemar und ich

Zur Begrüßung der Kinder und zur Wiederholung der bereits bekannten Zahlen wird folgender Vers betont gesprochen oder gesungen und mit Gesten von allen begleitet (siehe S. 56):

Mein Dackel Waldemar und ich, wir zwei,	*(zwei Finger zeigen)*
wir wohnen Regenbogenstraße drei,	*(mit den Händen einen Bogen machen und drei Finger zeigen)*
und wenn wir abends mal 'ne Runde drehn,	*(alle Kinder drehen sich im Kreis)*
dann könnt ihr Dackelbeine wackeln sehn.	*(mit den Knien hin- und herwackeln und dabei mit den Armen, die Hände liegen auf den Knien, immer wieder überkreuzen)*

Die Zahlen 3 und 4 werden vorgestellt

Die Erzieherin legt zu den Schritten 1 und 2 in der Kreismitte die Zahlenkarten 3 und 4, daneben wieder einen Reifen mit Gegenständen, die entsprechend ein- bis viermal vorkommen und von den Kindern zugeordnet werden.

Geheimzeichen

Die Geheimzeichen von 1 und 2 werden wiederholt und die für 3 (drei Finger) und 4 (vier Finger) eingeführt (siehe S. 9). Danach werden die Zahlen in die Luft gemalt.

Spielphase

Wer wohnt in Nr. 3?

Die Erzieherin und die Kinder verteilen vier „Häuser“ (Reifen) im Raum. In diese legt man die Zahlenkarten mit den Zahlen von 1 bis 4. Die Kinder ordnen jeder Zahl die gleiche Menge an Bausteinen zu. Alle Häuser haben somit eine Hausnummer.

Alle Kinder gehen durch den Raum. Die Erzieherin singt das Begrüßungslied („Mein Dackel Waldemar ...") und verändert die Hausnummer im Text, z.B. „Wir wohnen in der Regenbogenstraße 2". Die Kinder laufen zu dem jeweiligen Haus, fassen sich an den Händen und bilden einen Kreis.

Atomspiel

Alle Kinder laufen durch den Raum. Die Erzieherin zeigt eine Zahl von 1 bis 4 (entweder per Geheimzeichen oder Zahlenkarte) und die Kinder bilden eine entsprechend große Gruppe, indem sie sich an den Händen fassen. Die Kinder, die übrig bleiben, helfen mit zu kontrollieren, ob die Gruppen, die sich zusammengefunden haben, die richtige Anzahl Personen besitzen.

Der hungrige Fuchs

Ein Kind wird zum „Fuchs" bestimmt, die anderen Kinder bekommen die Zahlen 3 und 4 mit Haftetiketten aufgeklebt und sind die „Hasen". Alle Hasen stellen sich in einem Kreis auf, der Fuchs steht außerhalb.
Die Erzieherin erzählt: „Es gibt einen Wald, in dem leben viele Hasen. An schönen Wintertagen hüpfen sie alle auf der Wiese herum. Heute ist so ein Tag: Es ist viel Schnee gefallen und alle Hasen machen eine Schneeballschlacht."
Die Erzieherin kann die Geschichte noch weiter ausschmücken und die Kinder können entsprechende Bewegungen dazu machen.
Sobald sie Folgendes sagt, tritt der Fuchs in den Kreis der Hasen: „Da kommt ein Fuchs, oh Schreck! Alle Hasen erstarren und laufen gar nicht weg." Alle Hasen erstarren und der Fuchs ruft: „Ich habe so großen Hunger und möchte alle Hasen mit der Nummer 3 (oder 4) fressen."
Alle Hasen laufen los. Die mit der gerufenen Nummer versuchen, sich durch Berühren einer Wand zu retten. Hasen mit der anderen Nummer dürfen den Fuchs auch ablenken. Die richtig gefangenen Hasen werden zu Füchsen und das Spiel beginnt danach mit mehreren Füchsen von vorne. Der letzte Hase ist der Sieger.

Zahlen erspüren

Die Kinder setzen sich paarweise hintereinander. Die vorderen Kinder schließen die Augen. Die Erzieherin zeigt mit den Zahlenkarten eine Zahl von 1 bis 4, welche das hintere Kind auf den Rücken des vorderen Kindes malt. Dabei kann die Zahl „geschrieben", geklopft oder einfach die entsprechende Anzahl von Kreisen gemalt werden. Die vorne sitzenden Kinder sollen die richtige Zahl erraten.

Ochs am Berge 1, 2, 3

Ein Kind steht als „Ochse" am einen Ende des Raumes und die restlichen Kinder am anderen Ende. Der Ochse dreht sich mit dem Gesicht zur Wand und ruft: „Ochs am Berge 1, 2, 3". Bei 3 dreht er sich blitzschnell um. Die anderen Kinder laufen während des Rufens in Richtung Ochse, müssen aber im Moment des Umdrehens bewegungslos verharren. Der Ochse darf alle Kinder, die er nach dem Umdrehen noch in Bewegung sieht, zum Anfang zurückschicken. Sieger – und somit der nächste Ochse – ist das Kind, welches den Ochsen zuerst berührt, ohne erwischt worden zu sein.

Abschluss

Schritte für den Zahlenweg

Wie in der letzten Stunde stellt jedes Kind die Schritte 3 und 4 für den Zahlenweg her und legt sie in die Materialtasche.

Die Zahlen 5 und 6

Material

- ✓ Zahlenkarten mit den Zahlen von 1 bis 6
- ✓ Bauwagen mit vielen Bausteinen
- ✓ 2 Würfel
- ✓ Papier und Stifte für jedes Kind
- ✓ Tamburin
- ✓ 6 Gymnastikreifen
- ✓ je 2 Zahlenkarten mit den Zahlen 5 und 6 für alle Kinder
- ✓ viele Sticker

Kopiervorlagen: Schmetterlinge (vorher ausmalen, in sechs Teile schneiden, diese mit Zahlen von 1 bis 6 und dem entsprechenden Würfelbild versehen), S. 57

Begrüßung

Zahlengeschichte

Alle Kinder sitzen im Kreis hintereinander, so dass jeder auf dem Rücken des davor sitzenden Kindes malen kann. Die Erzieherin erzählt und macht die Bewegungen zum folgenden Text vor:

Ein Mann geht in die Tierhandlung und kauft sich eine Schlange.	*Die Finger trippeln über den Rücken.*
Er geht nach Hause und nimmt die Schlange mit.	*Die Finger gleiten in Schlangenbewegungen.*
Der Mann geht wieder in die Tierhandlung und kauft sich als zweites Tier ein Huhn.	*Die Finger trippeln über den Rücken.* *Die Finger picken leicht.*

Der Ablauf wiederholt sich, bis sechs Tiere gekauft worden sind, z. B. Elefant (mit Faust vorwärts drückend), Storch (zwei Finger stolzieren), Maus (schnelles Laufen mit vielen Fingern), Floh (kurzes Springen mit einem Finger). Danach spricht die Erzieherin noch einmal den Text und die Kinder benennen die Zahl und Reihenfolge der Tiere und machen die Zeichen dazu auf den Rücken.

Die Zahlen 5 und 6 werden vorgestellt

Die Geheimzeichen für 5 und 6 werden eingeführt (siehe S. 9) und dann gemeinsam mit den Fingern von 1 bis 6 gezählt.
Die Erzieherin zeigt die Zahlenkarten 5 und 6 und legt sie an den Zahlenweg. Mit Bausteinen bauen die Kinder Türme mit der richtigen Anzahl Steine auf den Zahlenweg.
Danach werden auch die 5 und die 6 in die Luft gemalt.

Spielphase

Wir bauen hohe Türme/den Limes

Die Erzieherin verteilt sechs Gymnastikreifen im Raum und legt je eine Zahlenkarte von 1 bis 6 hinein. In die Mitte kommt ein großer Bauwagen mit Bausteinen. Die Erzieherin schlägt einen Rhythmus auf dem Tamburin. Die Kinder laufen um die Reifen herum. Sobald die Erzieherin ein Pausenzeichen gibt, läuft jedes Kind zum Reifen seiner Wahl und baut einen entsprechend der Zahlenkarte hohen Turm. Sind alle Reifen gut gefüllt, nimmt die Erzieherin die Zahlenkarten aus den Reifen.

Anmerkung:
Man kann die Spannung des Spieles erhöhen, indem man als Einführung kurz auf die historischen Baumeister des Limes eingeht. Die Kinder fühlen sich dann als Römer, was die Spielmotivation erhöht.

Museumsspiel

Jedes Kind bekommt ein Blatt Papier und einen Stift. Es sucht sich einen der gebauten Türme aus und malt diesen Lieblingsturm. Danach bringen alle Kinder ihr gemaltes Bild in das „Museum" (Sitzkreis). Der „Museumsdirektor" (Erzieherin) mischt die Bilder und legt sie verdeckt auf den Boden. Jedes Kind wählt ein Bild aus, zählt die abgebildeten Steine, sucht den Turm und stellt sich neben den entsprechenden Reifen. Gemeinsam wird geschaut, ob alle Türme richtig entdeckt wurden. Dann werden sie in den Bausteinwagen zurückgeräumt.

Anmerkung:
Statt die Bausteine sofort in den Bausteinwagen zurückzuräumen, kann ein Abwurfspiel folgen. Dazu werden die Türme so umgebaut, dass gleich viele, gleich hohe Türme in den Reifen stehen. Die Kinder verteilen sich gleichmäßig auf die Reifen. Eine Gruppe bekommt einen Softball und versucht, Türme einer anderen Gruppe abzuwerfen, wobei die Kinder ihre eigenen Türme, außerhalb der Reifen stehend, mit dem ganzen Körper verteidigen. Der Ball wird danach an die nächste Gruppe weitergegeben, die wiederrum Türme abwirft. Nach jeder Runde können die abgeworfenen Bausteine gezählt werden. Gewonnen hat, wer als letzte Gruppe noch aufgetürmte Bausteine im Reifen hat.

Schmetterlingsspiel

Die Kinder werden in zwei Gruppen aufgeteilt und setzen sich in einem Abstand von ca. zwei Metern gegenüber. Die sechs Schmetterlinge aus je sechs Teilen (siehe S. 57) werden zu Beginn des Spieles aufgeteilt, so dass jede Mannschaft drei Schmetterlinge erhält. Ziel des Spieles ist es, diese drei Schmetterlinge möglichst schnell zusammenzubauen. Dabei würfeln die Mannschaften abwechselnd und bauen entsprechend der Augenzahl ihre Schmetterlinge vor sich auf dem Boden auf. Gibt es keine Möglichkeit des Anlegens mehr, muss die Mannschaft aussetzen.

Anmerkung:
Dieses Spiel eignet sich auch gut als Tischspiel zur anschließenden Nacharbeit.

Spielvariante:
Die Schmetterlinge dürfen nur in der Reihenfolge von 1 bis 6 gelegt werden.

Abschluss

Schritte für den Zahlenweg

Wie in den letzten Stunden stellt jedes Kind die Schritte 5 und 6 für den Zahlenweg her und legt sie in seine Materialtasche.

Morsezeichen

Alle Kinder stehen oder sitzen im Kreis und fassen sich an den Händen. Die Erzieherin beginnt: „Ich schicke eine Nachricht an ... *(Name eines Kindes)*." Sie drückt mit der rechten oder linken Hand ein- bis sechsmal die Hand des Nachbarkindes. Dieses gibt die Nachricht an das nächste Kind weiter usw. Ist die Nachricht beim Empfänger angekommen, so gibt er die Zahl laut bekannt.

Die Zahlen 7 und 8

Material

- ✓ Zahlenkarten mit den Zahlen von 1 bis 8
- ✓ Kiste mit Murmeln oder schönen Steinen
- ✓ Musik
- ✓ Haftetiketten mit den Zahlen von 1 bis 8 für jedes Kind
- ✓ Papier
- ✓ 2 Gymnastikreifen und 8 Bausteine
- ✓ 8 Pappen und Wachsmalstifte für alle Kinder
- ✓ je 2 Zahlenkarten mit den Zahlen 7 und 8 für alle Kinder
- ✓ viele Sticker

Begrüßung

Abzählreim

Die Erzieherin spricht den Vers und zählt dabei die Kinder ab:

> Eins, zwei, drei, vier, fünf, sechs, sieben,
> eine alte Frau kocht Rüben.
> Eine alte Frau kocht Speck
> und du bist *weg.*

Das Kind, auf das sie beim letzten Wort („weg") zeigt, bekommt eine Beobachtungsaufgabe gestellt. Dazu stellen die anderen Kinder paarweise eine Figur dar. Das ausgewählte Kind betrachtet sie genau und geht vor die Türe. Danach werden ein bis zwei Figuren verändert. Das Kind wird wieder hereingerufen und soll die Veränderung erraten.

Die Zahlen 7 und 8 werden vorgestellt

Die 7 und die 8 werden an den Zahlenweg angelegt und die Geheimzeichen eingeführt (siehe S. 9). Ebenso werden die Zahlen wieder in die Luft gemalt.

Spielphase

Schatzsuche

Zu leiser Musik gehen die „Piraten" (Kinder) nacheinander auf Schatzsuche. Als Weg liegen große Zahlenkarten in der Reihenfolge von 1 bis 8 immer eine Schrittlänge voneinander entfernt auf dem Boden. Die Kinder sollen der richtigen Zahlenfolge nachgehen. Man kann auch ein blaues Tuch unter die Zahlenkarten legen. Dieses ist dann das Meer und die Kinder müssen aufpassen, dass sie den Weg nicht verlassen, da sie sonst ins Meer fallen. Am Ende des Weges steht eine Kiste mit Murmeln oder schönen Steinen. Jedes Kind darf einen Schatz auswählen. Danach tritt es den Rückweg an, indem es die Zahlenreihe rückwärts geht. Während des Gehens soll laut mitgezählt werden. Der Schatz darf am Ende mit nach Hause genommen werden.

Zahlengeschichte

Die Kinder stehen im Kreis und bekommen mit Haftetiketten die Zahlen von 1 bis 8 aufgeklebt. Eine Zahl darf auch doppelt vorkommen. Die Erzieherin erzählt eine Geschichte, z. B.: „Die kleine Eins wollte ihre Freundin Fünf besuchen. Auf dem Weg dorthin traf sie Frau Acht..."
Sobald eine Zahl genannt wird, läuft das entsprechende Kind um den Kreis der Kinder herum, bis es wieder an seinem Platz angelangt. Da oft mehrere Kinder „unterwegs" sind, ist es nicht so einfach, seinen Platz wieder zu finden. Sagt die Erzieherin: „Alle Zahlen!", drehen sich alle Kinder auf der Stelle.

Zahlenkunstwerk

Jedes Kind bekommt ein Blatt Papier und kleine Haftetiketten mit den Zahlen von 1 bis 8. Die Kinder ziehen die Nummern ab und kleben sie in beliebiger Reihenfolge auf ihr Blatt. Anschließend verbinden sie die Zahlen mit Buntstiften in der Reihenfolge von 1 bis 8 und erhalten so eine Figur. Abschließend bestaunen alle gegenseitig ihre Kunstwerke.

Familie Müller zieht um

Auf dem Boden liegen zwei Gymnastikreifen. Der eine stellt die Wohnung dar, der andere den Möbelwagen. Die Kinder sitzen im Kreis um die beiden Reifen. Ein Kind richtet die Wohnung mit acht Bausteinen ein und alle zählen mit. Alle Kinder schließen dann die Augen oder drehen sich herum. Die Erzieherin erzählt: „Die Familie Müller will umziehen. Der Möbelwagen steht schon vor der Tür und Müllers laden die ersten Möbel ein."
Die Erzieherin nimmt Bausteine weg und legt sie in den Möbelwagen. Die Kinder öffnen die Augen und zählen ab, wie viele Möbel noch in der Wohnung stehen und wie viele schon in den Möbelwagen eingeladen wurden. Dann übernimmt ein Kind die Rolle der Erzieherin.

Autorennen

Jedes Kind bekommt eine große feste Pappe, auf der die Zahl 8 mit Bleistift vorgemalt ist, und vier farbige Wachsmalstifte. Es ist zu beachten, dass die Zahl quer vor den Kindern liegt („liegende Acht"), da es in erster Linie nicht um die Ziffer geht, sondern um die Bewegung über die Körpermittellinie. Dies ist wichtig für die Schulung der Grafomotorik. Die aufgemalte Zahl 8 stellt die Rennbahn und die Stifte die Rennwagen dar. Die Autos starten links oben auf der Rennbahn. Auf ein Signal „fahren" alle Autos los (Schreibrichtung beachten!). Die Kinder machen dazu Autogeräusche. Sobald eine Strecke gefahren ist, fährt das nächste Auto (die nächste Farbe). Sind alle Autos gefahren, ist das Rennen beendet.

Abschluss

Wie in den letzten Stunden stellt jedes Kind die Schritte 7 und 8 für den Zahlenweg her und legt sie in die Materialtasche.
Alle Kinder stellen sich in den Kreis, fassen sich an den Händen, zählen gemeinsam bis acht und rufen laut „Tschüss!".

Die Zahlen 9 und 10

Material

- ✓ Tamburin
- ✓ Haftetiketten mit den Zahlen 9 und 10 für jedes Kind
- ✓ 2 Sandsäckchen in verschiedenen Farben
- ✓ 10 Steine oder Legosteine für jedes Kind
- ✓ Zahlenkarten mit den Zahlen von 1 bis 10
- ✓ Zehnerwürfel
- ✓ kleine Haftetiketten mit den Zahlen von 1 bis 9 für jedes Kind
- ✓ großer, runder, gelber Karton (Sonne)
- ✓ je 2 Zahlenkarten mit den Zahlen 9 und 10 für alle Kinder
- ✓ viele Sticker
- ✓ Handy-Schablone für jedes Kind

Begrüßung

Musikstopp-Spiel mit Geheimzeichen

Die Kinder laufen durch den Raum. Die Erzieherin schlägt das Tamburin. Beim Stopp der Musik ruft sie eine Zahl von 1 bis 8 und die Kinder machen das passende Geheimzeichen.

Die Zahlen 9 und 10 werden vorgestellt

- Die Zahlenschritte 9 und 10 werden an den Zahlenweg gelegt.
- Alle Kinder gehen den Zahlenweg ab und zählen dabei laut mit.
- Alle zählen mit den Fingern und zeigen die Geheimzeichen für die Zahlen 9 und 10 (siehe S. 9).
- Die Zahlen 9 und 10 werden in die Luft gemalt.

Spielphase

Suchspiel

Die Erzieherin hat Haftetiketten mit den Zahlen 9 und 10 im Raum versteckt. Alle Kinder suchen; sobald sie eine Zahl gefunden haben, kleben sie diese auf ihren Pulli.

Zahlenrennen

Die Kinder bilden einen Kreis, in dem die Zahlen 9 und 10 immer abwechselnd nebeneinander stehen. Die Erzieherin spielt je nach Kinderzahl mit oder bleibt außerhalb des Kreises. Ein Kind mit der Zahl 9 und eines mit der Zahl 10 bekommen ein Sandsäckchen in verschiedenen Farben in die Hand. Auf ein Signal werfen die Kinder das Säckchen im Uhrzeigersinn zum nächsten Kind mit der gleichen Zahl usw. Ist das Säckchen wieder am Ausgangspunkt angekommen, gibt es für die Mannschaft, die am schnellsten war, einen Punkt.

Afrikanisches Steinspiel

Der Zahlenkarten des Zahlenweges werden folgendermaßen angeordnet und auf den Boden gelegt:

1		5
2		6
	10	7
3		8
4		9

Es werden zwei bis drei Mannschaften gebildet. Jede bekommt zehn Legosteine. Es wird reihum mit dem Zehnerwürfel gewürfelt. Die Augenzahl gibt an, auf welche Zahl des Spielfeldes ein Stein gelegt wird. Ist der Platz schon belegt, so muss dieser Stein zu den eigenen Steinen zurückgenommen werden. Eine Ausnahme bildet die Zahl 10, hier bleiben alle Steine liegen. Sieger ist die Mannschaft, die zuerst keine Steine mehr hat.

Laufspiel

Die Zahlen des Zahlenweges werden im Raum verteilt. Die Erzieherin gibt einen schnellen Laufrhythmus mit dem Tamburin an. Die Kinder laufen um die Zahlen herum. Schlägt die Erzieherin langsam eine bestimmte Anzahl von Schlägen auf das Tamburin, laufen die Kinder zu der entsprechenden Zahl. Die Erzieherin fragt: „Was soll bei dieser Zahl geschehen?" Alle denken sich gemeinsam eine Bewegung zu dieser Zahl aus, welche dann so oft wiederholt wird, wie die Zahl es angibt, z. B. fünfmal mit dem Arm winken; dreimal stampfen; zehnmal klatschen. Dies geschieht nacheinander mit allen Zahlen. In der zweiten Runde wiederholt man die zuvor festgelegten Bewegungen.

Abschluss

Zahlenschritte 9 und 10

Wie in den letzten Stunden stellt jedes Kind die Schritte 9 und 10 für den Zahlenweg her und legt sie in die Materialtasche.

Sonnenspiel

Alle Kinder legen die einzelnen Zahlenkarten ihres Zahlenweges an die Sonne an (ein großer, runder, gelber Karton) und zwar die Zahl 1 außen und die Zahl 10 an die Sonne. Alle gehen gemeinsam die Schritte nach innen und zählen laut. Am Ziel geben sich alle die Hand, sagen „Tschüss" und gehen den Zahlenweg zurück. Dabei sammeln sie ihre Zahlen wieder ein.

Handy basteln

Die Erzieherin verteilt vorbereitete Schablonen aus Pappe in Form eines Handys. Die Kinder kleben dann die Zahlen wie bei einem Handy auf. Alle setzen sich in einen Kreis und rufen sich gegenseitig an.

Formen und Körper

Vorbemerkungen

Eine weitere wichtige Säule mathematischen Verständnisses ist der sichere Umgang mit Formen und Körpern. Voraussetzung hierfür ist eine gute Raumorientierung sowie eine intakte Figur-Grund-Wahrnehmung, d.h. das Erkennen einer Gestalt oder Figur vor einem Hintergrund. Um sich sicher im Raum bewegen zu können, muss auch der eigene Körper gespürt werden (Körpereigenwahrnehmung). So geht die Zielsetzung der nächsten Stunden über das reine Erlernen der Merkmale von Formen und Körpern hinaus. Es ist wichtig, dass die Kinder mit ihrem Körper Dreidimensionalität *erleben*! In der Schule können sie dann auf eigene Erfahrungen und Vorstellungen zurückgreifen, die ihnen das Begreifen von zweidimensional dargestellten Zusammenhängen erleichtern. Vor ihrem geistigen Auge können sie dann in einem Mathebuch abgebildete Körper drehen und von allen Seiten betrachten.

Im Kindergartenalltag erleben die Kinder die Grundformen und verschiedene Körper aktiv und vielfältig, z.B. beim Spielen mit Bällen und Reifen oder beim Bewegen auf Rollschuhen und anderen Rädern, beim Bilden eines (Stuhl-) Kreises, beim Malen, Ausschneiden und Basteln mit großen und kleinen Formen.
Der Umgang mit Formen und ihren Begrifflichkeiten soll in den folgenden Stunden in vielfältiger Form stattfinden, wobei die Kinder vor allem Spaß am spielerischen Umgang mit ihnen haben sollen. Die Stunden sollen den Kindern Impulse geben und sie anregen, die Welt der Formen in allen Varianten wahrzunehmen. Es ist durchaus möglich, dass aus einzelnen Stunden kleine Projekte entstehen oder ein „Tag der Formen" im Kindergarten gestaltet wird.

Formen (Teil 1)

Material

- ✓ 4 große Formen aus Pappe: Quadrat, Rechteck, Dreieck und Kreis
- ✓ Haftetiketten mit den gleichen Formen für alle Kinder
- ✓ die gleichen Formen in kleinem Format aus Papier
- ✓ ein Gymnastikreifen für jedes Kind
- ✓ Papier und Klebestifte für alle Kinder
- ✓ ein großes und ein kleines rotes Herz aus Pappe
- ✓ Igelbälle (Massagebälle) für alle Kinder

Begrüßung

Formen kennenlernen

Die Erzieherin legt die vier Formen Quadrat, Rechteck, Dreieck und Kreis als große Pappen auf den Boden. Sie zeigt der Reihe nach auf die Formen und erklärt den Kindern ihre Namen. Anschließend gibt sie folgenden Auftrag: „Im Raum sind Haftetiketten mit den Formen Quadrat, Rechteck, Dreieck und Kreis versteckt. Jedes Kind sucht sich eine Form und klebt sie sich auf seinen Pulli."
Wenn jedes Kind eine Form gefunden und sich angeheftet hat, laufen die Kinder frei im Raum herum. Auf ein Signal setzt sich jedes Kind zu der Form, die es auf seinem Pulli hat.

Formen suchen

Die Erzieherin entwickelt ein Gespräch über die Formen, ihre Namen und Eigenschaften. Dabei geht sie auf das Vorwissen der Kinder ein. Zusammen wird geschaut, ob die Formen auch im Raum, zum Beispiel an den Möbeln, Lampen oder anderen Gegenständen zu finden sind.

Spielphase

Baumeisterspiel

Der „Baumeister" (ein Kind, das bestimmt worden ist) steht am einen Ende des Raumes, die „Lehrlinge" (alle anderen Kinder) am anderen. Die Lehrlinge rufen: „Meister, Meister, was baust du?" Der Baumeister antwortet: „Ich baue ein Haus (Garage, Stall, Turm, Schiff, Auto usw.)." Jetzt fragen die Lehrlinge: „Was brauchst du?" Der Baumeister nennt eine der vier Formen oder ruft: „Alles!". Die Lehrlinge wechseln die Seite und der Baumeister versucht, die Kinder mit der benannten aufgeklebten Form zu fangen. Die anderen Kinder dürfen ihn necken und ablenken, aber nicht berühren. Gefangene Lehrlinge werden zu Baumeistern.

Pilzsuche

Zu Beginn des Spiels wird für jedes Kind ein Reifen ausgelegt, in dem es später seine „Pilze" (Papierformen Quadrat, Rechteck, Dreieck, Kreis) sammeln kann.
Der „Förster" (Erzieherin) verteilt die Pilze in der Mitte des Raumes. Die Kinder stehen in einem großen Kreis um die Pilze herum. Dann gehen alle gemeinsam auf Pilzsuche, dabei laufen alle im Kreis um die Pilze herum. Der Förster zieht einen Pilz aus der Tasche (große Pappform) und hält ihn hoch. Die Kinder laufen zur Mitte und sammeln so viele gleiche Quadrat-, Kreispilze etc., wie sie können, bis der Förster als Stoppsignal in die Hände klatscht. Die gesammelten Pilze bringen sie zu ihrem Reifen. Es gibt so viele Durchgänge, bis keine Pilze mehr in der Mitte liegen. Dann bekommt jedes Kind ein großes Blatt Papier und klebt seine gesammelten Formen zu einem Bild auf. Die fertigen Bilder werden gemeinsam angeschaut.

Anmerkung:
In einer Stunde hatten die Kinder die spontane Idee, die Pappformen in der Mitte durchzuschneiden. Dieser Gedanke wurde von der Erzieherin aufgegriffen und dann so gelenkt, dass die Kinder die Formen entlang der Symmetrieachsen geteilt haben. So entdeckten die Kinder zum Beispiel, dass man aus zwei halben Dreiecken ein Viereck bilden kann.

Die Reise der Formen

Die großen Pappformen werden auf dem Boden verteilt. Dazu kommt ein großes, rotes Herz. Jeder Form wird mit den Kindern zusammen ein Geräusch oder eine Bewegung zugeordnet. Die Erzieherin erzählt eine Geschichte. Kommt eine Form im Text vor, laufen die Kinder zu dieser hin und machen das jeweilige Geräusch oder die Bewegung.

Beispielgeschichte:

> Es war einmal ein großes, rotes Herz, das war so einsam. Tagaus, tagein saß es am Fenster und seufzte: „Ach, hätte ich doch nur einen Freund." Da begab es sich auf Wanderschaft. Auf seiner Reise begegnete es dem Quadrat. „Willst du mit mir spielen?", sprach das große Herz. Das Quadrat betrachtete das Herz von oben bis unten. „Du hast ja eine Delle – mit dir spiele ich nicht. Wärst du eckig, so wie ich – würde ich mit dir spielen." Da ging das große, rote Herz traurig weiter ...

Das Herz trifft auf weitere Formen, die es ablehnen, weil es anders ist. Am Schluss trifft es das kleine, rote Herz – die Erzieherin legt es in die Mitte – und sie werden Freunde.

Abschluss

Igelballmassage

Bei der Igelballmassage kann man im Hintergrund leise Musik laufen lassen. Zwei Kinder finden sich jeweils zusammen. Die Kinder, die massiert werden, legen sich auf den Bauch. Die Erzieherin kann wie folgt den Weg des Balles beschreiben:

„Der Ball rollt von einem Fuß über das Bein zum Po, macht dort einen Kreis, rollt weiter über eine Rückenseite zur Schulter. Dann rollt der Ball den Arm entlang bis zu den Fingerspitzen, zur Schulter und wieder zurück. Nun geht es hinüber zur anderen Seite, über die Schulter bis zu den Fingerspitzen und wieder zurück zur Schulter. Dann rollt der Ball die andere Rückenseite herunter, über den Po, das Bein herunter bis zum Fuß."

Formen (Teil 2)

Material

- ✓ viele Seile
- ✓ eine Bank
- ✓ viele kleine Formen aus Papier: Quadrate, Rechtecke, Dreiecke, Kreise
- ✓ Papier für jedes Kind
- ✓ Knete und Zahnstocher für alle Kinder
- ✓ viele Legosteine (Achtersteine) in zwei Farben
- ✓ große Blätter, Wasserfarben und Pinsel für alle Kinder
- ✓ Spiegel

Begrüßung

Wir bauen ein Dorf

Im Raum verteilt liegen Seile und die Kinder legen mit ihnen ein Dorf aus Formen. Danach stellen sich alle auf den Aussichtsturm (Bank) und betrachten und beschreiben von dort das Dorf.

Spielphase

Bilderrätsel aus Formen

Die Kinder sitzen auf dem Boden und in der Mitte liegen viele der vier bekannten Formen aus Papier. Die Erzieherin beschreibt im Folgenden ein Bild, das nur aus diesen Formen besteht. Während sie erzählt, nehmen die Kinder die jeweils angegebene Form aus der Mitte und legen sie in der beschriebenen Art und Weise vor sich auf ein Blatt Papier. Je nach Bedarf kann die Erzieherin auch dieses Bild legen, sodass die Kinder vergleichen können.

Beispielgeschichte:

> Es war einmal ein Quadrat. Darauf saß ein Kreis. Rechts und links waren zwei Dreiecke, die mit der Spitze vom Quadrat wegzeigten. Das Quadrat stand auf zwei langen Rechtecken, die wiederum auf zwei flachen Rechtecken standen. *(Mensch)*
> Daneben gab es noch ein Quadrat, das war größer als das erste. Es hatte ein Dreieck obendrauf sitzen. In dem Quadrat waren viele kleine Rechtecke und Quadrate und eines steckte sogar auf dem Dreieck und guckte nach oben. *(Haus)*
> Rechts von diesem Ding gab es ein langes Rechteck, das bis zum Boden ging. Obendrauf saß ein großer Kreis. In dem Kreis waren ganz viele kleine Kreise. *(Baum)*
> Unter diesem Ding lag eine Katze ...

Spiegelachsen

Jedes Kind bekommt alle vier Formen aus Papier. Nacheinander sollen die Kinder die Formen in der Mitte falten, sodass man, wenn man das geknickte Papier an den Spiegel hält, wieder die ganze Form sieht. Gemeinsam schaut man nach, ob und wie viele solcher Spiegelachsen jede Form hat. Jedes Kind probiert selbst und kontrolliert sein Faltengebilde am Spiegel.

Architektenspiel

Aus Knete werden kleine Kugeln geformt und mit Zahnstochern verbunden. Daraus entstehen lustige Körper. Diese werden im Kindergarten ausgestellt.

Legospiel

Es werden zwei Mannschaften gebildet und jede bekommt die gleiche Menge an Legosteinen (Achtersteine), jeweils in einer anderen Farbe. Die Aufgabe lautet, immer vier Steine zusammenzubauen. Dabei soll jedes Gebilde ein anderes Aussehen haben.
Sind alle Steine verbaut, wird geschaut, welche Formen entstanden sind und ob wirklich alle innerhalb einer Mannschaft verschieden sind. Dann sollen die Kinder die Kombinationen der beiden Gruppen vergleichen und gleiche Gebilde in der Mitte nebeneinander aufstellen. Wie viele Kombinationen sind gleich?
Zum Schluss kann man die Anzahl der entstandenen verschiedenartigen Gebilde zählen.

Abschluss

Spiegelbilder

Jedes Kind knickt ein großes Zeichenblatt in der Mitte und klappt es wieder auf. Dann bemalt es mit viel Wasser die eine Hälfte des Blattes mit Wasserfarben. Zum Schluss wird das Blatt zusammengeklappt und vorsichtig wieder geöffnet. Ein Spiegelbild ist entstanden.

Raumlage

Material

- ✓ 2 Stühle, Tisch, Papierkorb/Tonne, 2 Gymnastikreifen
- ✓ Musik
- ✓ Matten
- ✓ ein Tuch für jedes Kind
- ✓ 3 verschiedene Rhythmusinstrumente
- ✓ Igelbälle

Für die Spielvarianten: Seile, Tücher, Wäscheklammern, Sandsäckchen

Kopiervorlagen: Bastelanleitung für Flieger, S. 58

Begrüßung

Wo bin ich?

Im Raum stehen im Kreis ein Tisch, zwei Stühle, ein Papierkorb oder eine Tonne, zwei Reifen. Die Kinder dürfen sich auf die „Geräte" verteilen und eine Position einnehmen. Jedes Kind beschreibt kurz seine Position.

- Ich sitze **auf** dem Stuhl.
- Ich liege **unter** dem Tisch.
- Ich stehe **neben** der Tonne.
- ...

Spielphase

Musikstopp-Spiel

Die Kinder umlaufen zur Musik im Slalom die Geräte. Beim Stopp der Musik gibt die Erzieherin eine Raumlage an, die die Kinder ausführen sollen. Wird ein Kommando nicht verstanden, macht die Erzieherin es vor, z. B.

- **auf** den ....
- **in** den ...
- setzt euch **neben** ...
- stellt euch **zwischen** ...
- geht **vor** den ...
- kriecht **unter** den ...
- stellt euch **gegenüber** von ...
- **hinter** ...
- ...

Spielvariante 1:
Für drei bis vier Raumlagen werden Geräusche vereinbart und die Kinder müssen beim Hören eines der Instrumente den entsprechenden Auftrag ausführen. Zum Beispiel:

- **zwischen** ... – Triangel
- **neben** ... – Tamburin

- **unter** ... – Klangholz
- **gegenüber** ... – Rassel

Spielvariante 2:
Die Kinder verteilen sich auf die Geräte im Raum, auch mehrere Kinder bei einem Gerät sind möglich. So entstehen mehrere Stationen. Immer zwei gegenüberliegende Stationen werden mit einem auf dem Boden liegenden Seil verbunden. Ein Kind beginnt: „Ich wünsche mir *(Name eines anderen Kindes)* herbei, er soll neben mir auf dem Stuhl sitzen!" Das gerufene Kind geht auf den Seilen balancierend zum angegebenen Platz und führt den Auftrag aus, wobei die Erzieherin gegebenenfalls hilft. Dann darf das Kind ein anderes Kind bestimmen, welches den nächsten Auftrag vergibt.

Tierorchester (Vier-Ecken-Raten)

Es wird mit einem Abzählreim ausgezählt, wer vor die Tür gehen soll, z. B.

Ene, mene, muh
und raus bist du.
Raus bist du noch lange nicht,
sag mir erst, wie alt du bist.
1, 2, 3, 4, ...

Ist das ausgezählte Kind vor der Tür, wird jedem Kind eine der vier Ecken im Raum zugeordnet. Dabei können mehrere Kinder die gleiche Ecke bekommen. Auch dem Kind vor der Tür kann eine Ecke zugeteilt werden. Das Kind wird hereingerufen. Die Kinder fragen es der Reihe nach für jede Ecke: „Was soll mit dieser Ecke geschehen?" Das Kind stellt jeweils eine Aufgabe, die mit der Raumlage und einem Tiergeräusch zu tun hat, z. B. „Alle, denen diese Ecke gehört, ...

- ... sollen unter den Tisch krabbeln und bellen."
- ... auf dem Stuhl sitzen und klatschen."
- ... um den Papierkorb hüpfen und quaken."

Ist jeder Ecke eine Aufgabe zugeteilt, führen die Kinder dies aus. Auch das hinausgeschickte Kind erfüllt seine Aufgabe, wenn ihm eine Ecke zugeordnet wurde.

Ameisenstraße

Es wird eine „Ameisenstraße" gebaut (ein geschlossener Kreis aus Matten). So können die „Ameisen" (Kinder) sich krabbelnd den Weg erfühlen, da die Augen verbunden werden. Die Kinder verteilen sich auf die Matten, bevor ihnen die Augen verbunden werden. Dann krabbeln die Ameisen los. Die Fortbewegungsrichtung darf frei gewählt werden. Begegnen sich zwei Ameisen, befühlen sie sich und nennen den Namen.

Spielvariante:
Es werden Tücher, Wäscheklammern und Sandsäckchen als Futter ausgelegt, welches die Ameisen befühlen, einsammeln und bei einer Begegnung tauschen können.

Anmerkung:
Bei diesem Spiel ist es möglich, dass die Kinder anschließend ein großes Gesprächsbedürfnis haben. So kann ein Gespräch entstehen, das durch folgende Fragen der Erzieherin gelenkt werden kann:

- Wie habt ihr euch gefühlt?
- Wen habt ihr erkannt?
- Woran habt ihr jemanden erkannt?
- Hat jemand Angst gehabt?

Interessanterweise ließen sich Kinder, die sonst eher berührungsscheu sind, anfassen und gaben an, dass es ihnen gefallen habe.

Flieger falten

Jedes Kind faltet sich einen „Flieger" (siehe S. 58). Anschließend kann ein Fliegerwettbewerb stattfinden: Wo landet der Flieger wohl? Welcher Flieger fliegt am weitesten?

Blindes Huhn

Einem Kind werden die Augen verbunden, es ist das „blinde Huhn". Es versucht dann, die anderen Kinder zu fangen. Diese dürfen es necken, indem sie es z. B. rufen, flüstern, es leicht berühren, in die Hände klatschen. Erwischt das blinde Huhn ein Kind, gackert es und die Rollen werden getauscht.

Abschluss

Igelballmassage

Immer zwei Kinder massieren sich im Wechsel mit dem Igelball. Die Erzieherin gibt dazu Anleitung.
Siehe auch Seite 22.

Mengen und Zahlen

Material

- ✓ Kasten mit Gegenständen: Spielsachen, Knöpfe, Kleidung usw.
- ✓ Haftetiketten mit den Zahlen von 1 bis 6
- ✓ mehrere Gymnastikreifen
- ✓ mehrere Briefumschläge mit Stickern für die Zahlen von 1 bis 6
- ✓ mehrere Zahlenkarten für die Zahlen von 1 bis 10 und entsprechende Zählbilder

Begrüßung

Indianerlied

Siehe Seite 6.

Spielphase

Was gehört nicht dazu?

Die Erzieherin hat in einem Kasten verschiedene Dinge, z. B. Spielsachen, Knöpfe, Kleidung. Die Kinder ordnen die Gegenstände in bereitgelegte Gymnastikreifen nach verschiedenen Kriterien:

- Wie heißen die Gegenstände? *(Name)*
- Wozu braucht man sie? *(Zweck)*
- Welche Farben haben sie? *(Farbe)*

Dann wird geschaut, ob alle Dinge richtig sortiert wurden. Die Erzieherin zeigt auf einen Reifen und die Kinder sollen sich die Gegenstände einprägen. Alle Kinder schließen die Augen und die Erzieherin verändert den Inhalt. Die Kinder sollen anschließend feststellen, welche Dinge nicht dazugehören und sie zurückordnen („Was gehört nicht dazu? Wohin gehört es?").

Briefträger

Alle Kinder sitzen im Kreis. Immer zwei Kinder bekommen einen „Briefkasten" (Reifen) und eine „Hausnummer" (eine Haftetikette mit einer Zahl von 1 bis 6). Diese Hausnummer wird in die Mitte des Reifens geklebt.
In die Mitte des Kreises werden viele Briefumschläge mit Stickern für die Zahlen von 1 bis 6 verstreut. Jede Zweiergruppe darf nur die Briefumschläge aus dem Briefhaufen sammeln, die die Hausnummer des eigenen Briefkastens tragen und im eigenen Briefkasten sammeln. Wer als Erster alle seine Briefe gefunden hat, gewinnt.

Abschluss

Schnipp-Schnapp

Es werden die Zahlenkarten (mit Zahlen von 1 bis 10) und entsprechende Zählbilder gut gemischt und auf die mitspielenden Kinder verteilt. Jeder legt seinen Stapel verdeckt vor sich. Alle sagen zusammen: „Schnipp" und decken die oberste Karte ihres Stapels auf und legen sie in die Mitte. Das Kind, welches zuerst in Menge oder Zahl zueinander passende Karten entdeckt, ruft: „Schnapp". Es zeigt auf die Karten und darf alle Karten der Mitte zu sich nehmen. Rufen mehrere Kinder gleichzeitig, so werden die Karten aufgeteilt. Gibt es keine übereinstimmenden Karten, so bleiben sie liegen und werden mit in die nächste Runde genommen. Hat ein Kind keine Karten mehr, so scheidet es aus. Sieger ist, wer am Ende alle Karten hat.

Spielvariante 1:
Jedes Kind hat, wie im oberen Spiel, einen verdeckten Kartenstapel vor sich liegen. Das erste Kind legt eine Karte seines Stapels offen in die Mitte. Dann legt das zweite Kind eine weitere Karte auf die schon gelegte. Dies geht reihum so weiter, bis ein Kind eine in Zahl oder Anzahl gleiche Karte auf eine bereits gelegte ablegt. Wer es zuerst merkt, ruft „Schnapp" und klatscht mit der Hand auf den Kartenstapel. Dieses Kind darf den Stapel dann zu seinen Karten nehmen.

Spielvariante 2:
Man kann das Spiel einfacher gestalten, indem man nur Zahlenkarten oder nur Zählbilder verwendet.

Teile von Mengen

Material

- ✓ einen roten Kreis, 2 blaue Halbkreise und 4 grüne Viertelkreise aus Papier für jedes Kind (ca. 14 cm Durchmesser)
- ✓ einen gelben und blauen Kreis für jedes Kind (ca. 14 cm Durchmesser) mit einem Einschnitt gleich dem Radius der Kreise
- ✓ Handpuppe (z. B. Rabe)
- ✓ mehrere Äpfel und Messer
- ✓ 12 Bausteine für jedes Kind
- ✓ ein runder Kuchen

Begrüßung

Kreise bauen

In der Mitte liegen rote Papierkreise, blaue Halbkreise und grüne Viertelkreise. Jedes Kind bekommt die Aufgabe, ein rotes, ein blaues und ein grünes Element vor sich zu legen. Die Erzieherin entwickelt ein Gespräch über die Kreise. Die Begriffe Ganzes, Hälfte und Viertel werden genannt und anhand der vor den Kindern liegenden Figuren erklärt. Die Erzieherin fordert die Kinder auf, sich den ganzen Kreis, die beiden Hälften und die vier Viertel anzusehen und fragt die Kinder, ob man auch einen Kreis aus Hälften und Vierteln bauen kann. Alle versuchen, verschiedene Kreise zu bauen.

Spielphase

Ein Kreis - viele Teile

Jedes Kind bekommt zwei Papierkreise mit einem Einschnitt gleich dem Radius der Kreise. Die beiden werden auf Höhe des Einschnittes ineinander geschoben. Jetzt kann man sie gegeneinander verdrehen, so dass die Kreise von ganz bis gar nicht zu sehen sind. Durch die beiden verschiedenen Farben können so Teile des Kreises gut veranschaulicht werden.

Tischdeckchen schneiden

Die Kinder bekommen die Aufgabe, einen Papierkreis einmal zu falten und an der runden Seite des so entstandenen Halbkreises ein Dreieck auszuschneiden. Faltet man das Papier wieder auseinander, so sieht man den Falz in der Mitte, also einen Kreis zusammengesetzt aus zwei Halbkreisen. Die Kinder können am Rand anhand ihres Ausschnittes zählen, aus wie vielen Teilen der Kreis zusammengesetzt ist.
Dies wird wiederholt mit zweimaligem und dreimaligem Falten. Es entstehen entsprechend Viertel und Achtel.

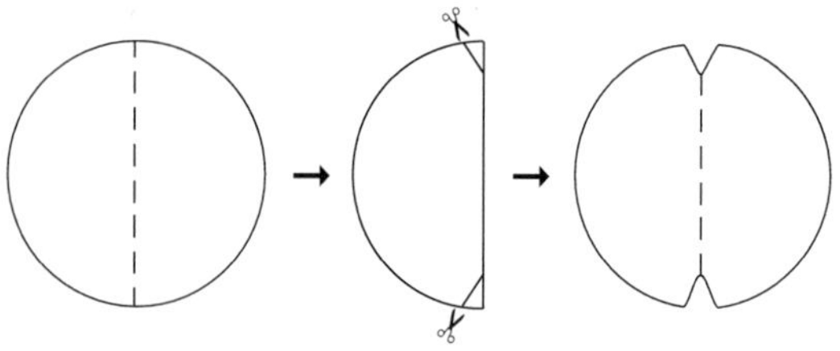

Halbe

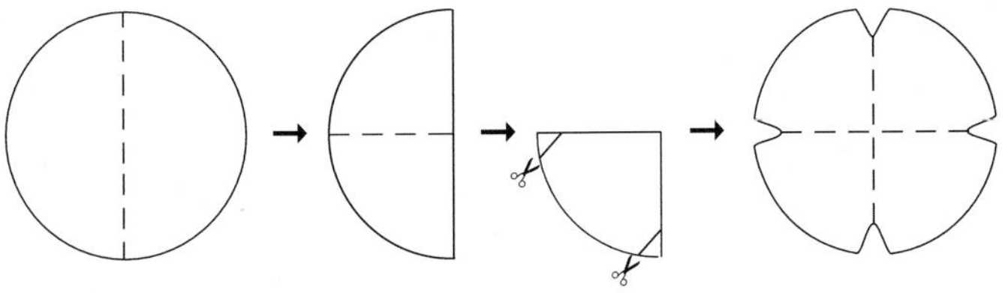

Viertel

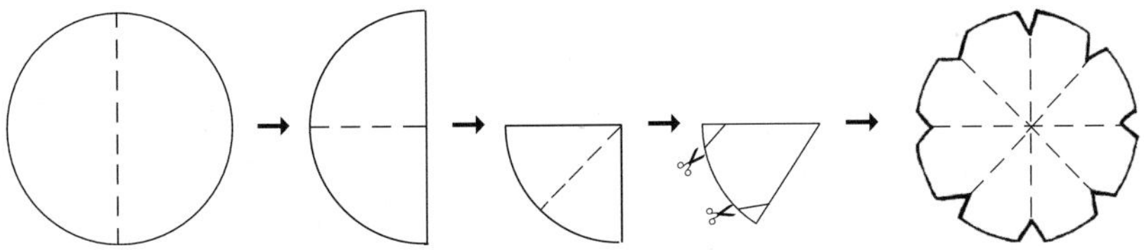

Achtel

Spielvariante:
Man kann in die einzelnen Kreisabschnitte auch die Zahlen schreiben (Hälfte: 1-2/Viertel: 1-4/Achtel: 1-8).

Mutter, Mutter, wie viele Schritte darf ich gehen?

Ein Kind steht am einen Ende des Raumes, die anderen Kinder gegenüber an der Wand. Die Gruppe ruft: „Mutter, Mutter, wie viele Schritte darf ich gehen?" Die Mutter (das einzelne Kind) antwortet zum Beispiel: „Zwei Gänsefüßchen". Die Kindergruppe geht also zwei Gänsefüßchen vorwärts (zu den Gänsefüßchen, siehe Vorwort, S. 5). Dieses Frage-Antwort-Spiel wiederholt sich so lange, bis eines der Kinder die Mutter erreicht hat und die Rolle übernimmt. Weitere Schrittarten können z. B. folgende sein: Elefantenschritte, Mäuseschritte, Ameisenschritte, Kängurusprünge etc.

Was ist „Teilen"?

Die Erzieherin entwickelt ein Gespräch über das Teilen im Alltag der Kinder. Sie fragt: „Wo muss man überall teilen?" Mögliche Antworten können sein: Süßigkeiten, Spielzeug, Pizza etc.

Kraks, der Rabe, und das Teilen

Die Erzieherin erzählt eine Knobelaufgabe mit Hilfe der Handpuppe Kraks: „Ich habe hier zwei Äpfel. Leider reicht es nicht für alle. Was muss ich denn tun, damit jeder ein gleich großes Stück bekommt? Wie oft muss ich den Apfel durchschneiden?" So oder ähnlich könnte die Aufgabe für acht Kinder gestellt werden.
Die Äpfel sollen geviertelt werden. Falls die Gruppe nicht durch Vier teilbar ist, können auch zwei oder drei Kinder zusammen einen Apfel bekommen und dann die Aufgabe lösen, wie dieser Apfel in vier gleichgroße Stücke zu teilen ist. Zum Schluss werden die Äpfel natürlich aufgegessen.

Turmbau

Die Erzieherin fordert jedes Kind auf, einen Turm aus zwölf Bausteinen zu bauen. Danach kann sie folgende Aufgaben formulieren:

- „Teilt diesen Turm in zwei gleich große Türme! – Wie viele Steine hat jeder der beiden Türme?"
- „Teilt jeden dieser beiden Türme wieder in zwei gleich große Türme! – Aus wie vielen Steinen besteht nun jeder dieser kleinen Türme?"

Die Erzieherin erklärt, dass ein Bausteineturm aus zwölf Steinen in zwei Türme mit je sechs (halbiert) oder vier Türme mit je drei Steinen (geviertelt) aufgeteilt werden kann, ohne dass sich an der Gesamtanzahl der Steine etwas ändert. Zwei Hälften oder vier Viertel sind also genauso viel wie ein Ganzes. Zum Schluss kann die Erzieherin eine besonders schwierige Aufgabe stellen: „Was ist denn genauso viel wie zwei Viertel?" Antwort: „Eine Hälfte."

Abschluss

Wir teilen uns einen Kuchen

Zum Schluss der Stunde kann ein runder Kuchen erst aufgeteilt und dann gemeinsam gegessen werden.

Vergleichen

Material

- ✓ Kiste mit Spielsachen in unterschiedlichen Größen
- ✓ mehrere Karten mit den Zeichen >, <, =
- ✓ 5 Gymnastikreifen
- ✓ je zweimal eine Zahlenkarte mit den Zahlen von 1 bis 10
- ✓ viele Bausteine für alle Kinder
- ✓ Softball
- ✓ mehrere Rollbretter mit Kisten für Bausteine
- ✓ Schwungtuch

Kopiervorlagen: Lied „Spannenlanger Hansel, nudeldicke Dirn", S. 59

Begrüßung

Lied: Spannenlanger Hansel, nudeldicke Dirn

Passend zum Text wird das Lied (siehe S. 59) pantomimisch dargestellt. Dabei sind die Kinder in zwei Gruppen aufgeteilt, eine Gruppe spielt den Hansel, die andere die Dirn. Die Erzieherin erklärt den Kindern gegebenenfalls unbekannte Begriffe wie „Spannenlang" oder „Dirn".

Größer oder kleiner?

Mitten im Raum steht eine Kiste mit Spielsachen in verschiedenen Größen. Die Kinder nehmen je ein Teil heraus, stellen sich in zwei Reihen gegenüber auf und legen ihr Spielzeug auf den Boden. Die Erzieherin fragt immer zwei gegenüberstehende Kinder, welches der beiden Spielzeuge größer oder kleiner ist. Die Kinder antworten im ganzen Satz:

„Mein Auto ist größer als deine Katze."
„Meine Katze ist kleiner als dein Auto."

Zeichen vorstellen

Alle Kinder stellen sich an ein Ende der Spielzeugreihe. Die Erzieherin erklärt die folgenden Zeichen: >, <, =. Sie legt dann zusammen mit den Kindern das richtige Zeichen zwischen zwei zu vergleichende Spielzeuge. Wichtig ist, dass die Kinder alle die gleiche Blickrichtung auf die Spielzeugreihe haben, da die Zeichen sonst spiegelverkehrt gelesen werden. Zusätzlich können die Zeichen sicherheitshalber in zwei verschiedenen Farben vorhanden sein.

Spielphase

Welcher Turm ist größer?

Fünf Reifen sind kreisförmig auf dem Boden angeordnet. Jedes Kind zieht eine Zahlenkarte mit einer Zahl von 1 bis 10, wobei die Karten auch doppelt vorkommen. Immer zwei Kinder bauen nebeneinander einen Bausteineturm mit so vielen Steinen, wie ihre Karte anzeigt. Dann vergleichen sie ihre Türme und holen bei der Erzieherin das passende Zeichen (<, > oder =) und legen es zwischen ihre Türme auf den Boden. Sind alle fertig, wird das Ergebnis jeder Zweiergruppe angeschaut, gegebenenfalls verbessert und erklärt.

Turmschlacht

Jedes Kinderpaar bekommt einen Softball. Auf ein Kommando dürfen die gegnerischen Türme umgeworfen werden. Die eigenen Türme darf man mit dem ganzen Körper verteidigen, aber nicht berühren. Das Spiel ist zu Ende, wenn alle Türme umgeworfen worden sind.

Spielvariante:
Alle Kinder werfen gemeinsam von einem Ende des Raumes auf alle Türme. Anschließend wird gemeinsam aufgeräumt. Dazu bekommt, wenn möglich, jede Zweiergruppe einen „Laster" (Rollbrett mit Kiste für Bausteine). Dieser wird gemeinsam mit den Bausteinen beladen und zu einem vereinbarten Parkplatz gefahren.

Wie groß bist du?

Alle Kinder sitzen auf dem Boden. Zwei Kinder dürfen nach vorne gehen. Alle vergleichen gemeinsam die Körpergrößen und ein Kind legt das richtige Zeichen (<, > oder =) dazwischen.

Abschluss

Katz und Maus mit dem Schwungtuch

Alle Kinder sitzen um das Schwungtuch herum und halten es. Ein Kind krabbelt als Maus unter das Tuch, während ein Kind als Katze auf dem Tuch krabbelt. Die Katze versucht die Maus zu fangen, wobei die anderen Kinder das Tuch bewegen, so dass die Maus sich in den Wellen verstecken kann.

Die vier Jahreszeiten

Material

- ✓ eine große Matte
- ✓ Haftetiketten mit Symbolen für die vier Jahreszeiten: Schneemann, Blume, Eis und Laubblatt
- ✓ Kreis aus Papier, Zeiger aus Pappe, Briefklammer für jedes Kind
- ✓ Buntstifte für alle Kinder

Kopiervorlagen: Symbole für die vier Jahreszeiten, S. 60

Begrüßung

Wir verbringen ein Urlaubsjahr auf einer einsamen Insel

Die Erzieherin erzählt folgende Geschichte und fordert die Kinder dazu auf, die jeweiligen Bewegungen mitzumachen:

Heute wollen wir verreisen. Wir fahren mit einem Boot zu einer einsamen Insel. Dort wollen wir eine Weile bleiben, deshalb nehmen wir genügend zu essen, zu trinken und auch Kleidung mit.	*Alle Kinder sitzen auf einer Matte und rudern.*
Endlich kommen wir an, die Sonne steht schon ganz hoch am Himmel. Es ist Mittag und wir packen erst mal alles aus, setzen uns gemütlich an den Strand in die warme Sonne und genießen unser Essen. Herrlich ist das!	*Alle Kinder steigen aus dem Boot.* *Alle schauen zum Himmel.* *Es wird ausgepackt.* *Alle setzen sich hin und essen.*
Nach dem Essen spielen wir.	*Die Kinder spielen.*
Langsam geht die Sonne unter und wir werden müde. Wir legen uns unter einen Baum und schlafen auch gleich ein. Toll ist es hier, keiner hat eine Uhr mitgenommen und so kann auch morgens kein Wecker klingeln und uns aus unseren schönsten Träumen reißen. Trotzdem merken wir, dass ein neuer Tag anfängt.	*Die Kinder gähnen* *Die Kinder legen sich hin und schlafen.*
Wisst ihr woran? Richtig! Jeder Tag fängt mit dem Sonnenaufgang an. Auch bei uns ist die Sonne gerade aufgegangen, wir wachen auf und strecken uns erst einmal.	*Die Kinder antworten: „Sonnenaufgang."* *Die Kinder wachen auf und strecken sich.*

Jetzt beginnt ein neuer Tag und wir entdecken viel Neues. So geht das eine ganze Weile, bis es irgendwann anfängt zu schneien.	
Natürlich machen wir sofort eine heftige Schneeballschlacht.	*Die Kinder formen und werfen Schneebälle.*
Mit der Zeit wird es wieder wärmer und die Bäume bekommen wieder Blätter.	
Die Vögel singen und wir laufen durch die Wiesen.	*Die Kinder horchen oder pfeifen und laufen kreuz und quer.*
Bald hängen schöne Früchte an den Bäumen. Mmmh, schmecken die aber lecker!	*Alle pflücken und essen Früchte.*
Ja, was ist das? Die Blätter fallen von den Bäumen und der Wind wirbelt sie durch die Luft.	*Die Kinder bücken sich und werfen die Blätter hoch.*
Da fallen auch schon die ersten Schneeflocken. Jetzt wissen wir, dass unser Urlaubsjahr vorüber ist und wir fahren wieder nach Hause.	*Die Kinder steigen wieder ins Boot und rudern.*
Woher wissen wir denn eigentlich, dass ein Jahr vorüber ist?	*Die Kinder sollen sich mit Hilfe der Erzieherin die Antwort erschließen, indem sie rekapitulieren, dass alle vier Jahreszeiten vorübergegangen sind.*

Die Erzieherin fasst zusammen: „Man kann also auch ohne Uhr erkennen, wann ein Tag anfängt und zu Ende ist und wann ein Jahr vorbei ist!"
Alle zusammen singen das Jahreslied: „Es war eine Mutter, die hatte vier Kinder ..."

Spielphase

Jahreszeitenspiel

Die Kinder werden in vier Gruppen aufgeteilt. Jede Gruppe stellt eine Jahreszeit dar. Dazu bekommt sie mit Haftetiketten ein entsprechendes Symbol (z. B. Kopiervorlage von S. 60) aufgeklebt. Die vier Gruppen stellen sich jeweils in eine Ecke des Raumes.
Dann macht die Erzieherin eine Aussage, die zu einer Jahreszeit passt. Die Kinder sollen diese richtig zuordnen und die Antwort laut rufen. Für jede richtige Antwort bekommt die Mannschaft einen Punkt.

Beispiele:

- Die Kuh isst gerne Klee.
- Die Kinder machen eine Schneeballschlacht.
- Die Äpfel sind reif.
- Heute gehen wir schwimmen.
- Am Morgen ist dichter Nebel.
- Endlich wird es wieder wärmer.
- Die Blätter an den Bäumen färben sich bunt.
- Die ersten Blumen blühen auf.
- Rotkäppchen pflückt einen Blumenstrauß für ihre Oma.
- ...

Anmerkung:
Die Symbole müssen so groß sein, dass sie aus der Entfernung für die anderen Kinder zu erkennen sind.

Laufspiel

Ein Kind stellt sich in die Mitte des Raumes und ruft zum Beispiel: „Frühling, Sommer, 1, 2, 3 – lauft herbei!". Die beiden genannten Gruppen wechseln ihre Plätze. Das Kind in der Mitte versucht, ein laufendes Kind zu fangen. Gelingt es ihm, dann wird dieses Kind der nächste Rufer in der Mitte.

Pantomimespiel

Die Kinder werden in zwei Gruppen geteilt. Sie spielen der anderen Gruppe eine Jahreszeit vor. Diese darf auch Fragen stellen und soll am Ende die Jahreszeit erraten.

Spielvariante:
Es wird eine Zeitspanne festgelegt, in der die Gruppe die Jahreszeit erraten muss. Schafft sie es in der angegebenen Zeit, bekommt sie einen Punkt.

Abschluss

Wir basteln eine Jahreszeitenuhr

Ein Papierkreis wird mit Linien in Viertel geteilt und die Kinder können jedes Viertel einer Jahreszeit entsprechend gestalten. Am Ende wird in der Mitte ein Zeiger angebracht, so dass man die aktuelle Jahreszeit einstellen kann.

Die Woche mit ihren 7 Tagen

Material

- ✓ Kasperletheater: Kasperle, Gretel, 2 Klanghölzer, Blumenstrauß
- ✓ 7 Zettel für jedes Kind
- ✓ Papier und Stifte
- ✓ neun Matten

Für die Spielvarianten: Tamburin, Schwungtuch

Kopiervorlagen: Wochenhaus für jedes Kind, S. 61

Begrüßung

Welcher Tag ist heute?

Kasperle: *(Hüpft übermütig herbei mit einem Blumenstrauß in der Hand.)*
Tri, tra, trullala. Tri, tra, trullala. Juhu, heute ist Omas Geburtstag!
Hallo Kinder, kommt ihr mit zu Omas Geburtstag? Sie hat bestimmt einen leckeren Kuchen gebacken *(reibt sich den Bauch)*. Schaut den schönen Strauß, den hab ich ihr gepflückt. Da kommt ja die Gretel. Hallo Gretel!

Gretel: Hallo Kasperle! Für wen hast du denn die schönen Blumen gepflückt?

Kasperle: Natürlich für Oma! Mmmh, wenn ich bloß an den leckeren Kuchen denke. Aber wo ist denn dein Geschenk?

Gretel: Geschenk?! Aber Kasperle, Oma hat doch erst am Mittwoch Geburtstag. Heute ist doch Montag.

Kasperle: Ich dachte heute wäre Mittwoch und Omas Geburtstag. Montag, Mittwoch und so ... das macht mich ganz durcheinander. Und ich habe mich doch so auf den Kuchen gefreut!

Gretel: Sei nicht traurig Kasperle. Ich habe eine Idee: Wir basteln einen Wochenkalender, dann kannst du immer nachschauen, welcher Tag gerade ist.

Kasperle: Oh, das ist klasse. Lass uns gleich anfangen. *(singt)* Dann weiß ich bald, wann Montag, Freitag, Sonntag ist. *(Beide gehen hinter die Bühne. Man hört Geräusche – Papier knistert.)*

Kasperle: *(kommt wieder mit einer Schere in der Hand)* Es gibt ja sogar noch mehr Wochentage als Montag und Mittwoch. Könnt ihr mir die Namen der anderen Wochentage sagen? *(Die Kinder sagen die Wochentage.)*

Kasperle: Danke! Toll von euch! *(verschwindet wieder)*
(Kasperle und Gretel kommen wieder auf die Bühne.)

Kasperle: Das war toll von euch, dass ihr uns geholfen habt. Schaut her, das ist jetzt mein Kalender! *(zeigt den Kalender)*

Gretel: Wir haben eine kleine Überraschung für euch. Wir haben ein Wochenlied gedichtet.

Kasperle: Ich mache die Musik. *(klopft mit Hölzern)*

(Lied auf die Melodie von „Morgen kommt der Weihnachtsmann")

Montag fängt die Woche an, das weiß von uns jedermann.
Dienstag kommt dann hinterher, ei, dass fällt uns gar nicht schwer.
Mittwoch ist die halbe Zeit, das ist eine Kleinigkeit.
Am Donnerstag, ihr alle seht, wie die Woche schnell vergeht.
Und am Freitag, oh wie dumm, ist die Woche schon bald rum.
Am Samstag ist die Woche aus, die meisten bleiben dann zu Haus.
Sonntag ist ein schöner Tag, den wohl jeder gerne mag.
Sieben Tage, wie ihr wisst, eine ganze Woche ist.
Und nun weiß ein jedermann, die Woche fängt von vorne an.

Gretel: Du Kasperle, ich habe eine Idee. Wir gehen zur Oma, bringen ihr deinen Blumenstrauß und fragen, ob wir ihr bei den Geburtstagsvorbereitungen helfen können.

Kasperle: Klasse, da kann ich Kuchenteig schlecken! Aber das Geschenk ist dann weg.

Gretel: Wir könnten doch noch ein Bild zum Geburtstag malen.

Kasperle: Klar! Vielleicht kann sie auch einen Wochenkalender gebrauchen für ihre Küche. Auf geht es zur Oma!
Tri, tra, trullala. Tri, tra, trullala. Bald ist Omas Geburtstag da!

Gretel: Wir wünschen euch noch viel Spaß! Tschüss Kinder!

Spielphase

Das Wochenhaus

Jedes Kind bekommt ein Haus aus Pappe (siehe S. 61) und sieben Zettel. Die Erzieherin entwickelt ein Gespräch über die Wochentage und die tagesspezifischen Aktivitäten im Kindergarten. Für jeden Tag der Woche malt jedes Kind ein Bild. Wir beginnen mit dem Montag. Die Erzieherin kennzeichnet die Montage mit einem Punkt, die Dienstage mit zwei Punkten usw., so können die Kinder sie besser ordnen und abzählen. Die Erzieherin stellt auch ein Exemplar des Wochenkalenders her. Dieses wird für das folgende Spiel benötigt.
Am Ende werden die sieben Zettel übereinander an das Haus geheftet, so dass man nachblättern kann, welcher Tag gerade ist. Jedes Kind kann sein Wochenhaus zu Hause aufhängen und die Woche daran verfolgen.

Der Wochenkreislauf

Sieben Matten werden in einem großen Kreis auf den Boden gelegt, ein bis zwei Matten in die Mitte dieses Kreises. Die sieben Karten aus dem Wochenhaus mit ein bis sieben Punkten werden reihum zu den äußeren Matten gelegt und somit jeder Matte ein Wochentag zugeordnet. Alle zusammen überlegen sich zu jeder Station eine Bewegung, die Kinder sollen sie sich merken.

Beispiele für einen Wochenablauf:

- Montag: laufen auf der Stelle
- Dienstag: singen
- Mittwoch: essen
- Donnerstag: Strecksprung
- Freitag: über die Matte rollen
- Samstag: auf dem Rücken liegen und Fahrrad fahren
- Sonntag: ausruhen

Dann beginnt das Spiel. Der Startspruch lautet: „Die Sonne geht auf! Was machen wir am Montag?". Alle beginnen am Montag auf der zugewiesenen Matte mit der dazugehörigen Bewegung. Gibt die Erzieherin das Kommando: „Die Sonne geht unter!", so gehen alle eine Matte weiter zum Dienstag. Dieses wird so lange wiederholt, bis der Sonntag erreicht ist.

Spielvariante:
Man kann eine zweite Spielrunde anschließen. Diesmal laufen die Kinder im Kreis über die Matten, während die Erzieherin das Tamburin schlägt. Auf ein vereinbartes Stoppzeichen hin bleiben die Kinder auf der erreichten Matte stehen und führen alle gleichzeitig die Bewegung aus, die der jeweiligen Matte zugeordnet ist.

Abschluss

Es folgt eine weitere Runde des Spiels „Wochenkreislauf". Dazu werden die Kinder auf alle Matten verteilt. Danach beginnt das Spiel von vorne, wobei die Kinder ihre „eigene" Runde gehen. Nach ein bis zwei Runden ruft die Erzieherin: *„Stopp. Die Ferien beginnen."* Alle Kinder laufen zur Mitte, legen sich auf die Matte und hören eine Entspannungsgeschichte an. Man kann auch ein Schwungtuch in die Mitte legen und die Kinder unter das Tuch krabbeln lassen.

Die Uhr (Teil 1)

Material

- ✓ weißer Gespensterumhang
- ✓ Tamburin
- ✓ langer und kurzer Stab
- ✓ Geräuschedose: eine Dose mit Material, das klappert (z. B. Steinchen), für jedes Kind
- ✓ eine runde Pappe mit kleinem Loch in der Mitte, 2 Zeiger aus Pappe und eine Briefklammer für jedes Kind
- ✓ Papierschnipsel mit den Zahlen von 1 bis 12 und Klebestifte
- ✓ starke Lampe
- ✓ verschiedene Uhren und Uhrenposter
- ✓ Zahlenkarten mit Zahlen von 1 bis 12
- ✓ Schwungtuch

Kopiervorlage: Uhr, S. 62

Begrüßung

Gespenstergeschichte

Alle Kinder bilden einen Kreis und haben eine selbst gemachte Geräuschedose. Ein Kind steht in der Mitte und spielt das kleine Gespenst. Es bekommt einen weißen Umhang, wobei der Kopf frei bleibt. Die Erzieherin erzählt die folgende Geschichte, dabei schlägt sie nach der Aufforderung „Hört, die Turmglocke schlägt" die entsprechende Uhrzeit auf dem Tamburin und nennt erst nach einer kleinen Pause die Uhrzeit. Die Kinder machen die passenden Geräusche und Bewegungen zu der Geschichte. Sie handelt von einem kleinen Gespenst, das in einer Burg wohnt. Das kleine Gespensterkind bekommt die Aufgabe, um 12 Uhr ein Kind zu fangen.

Das kleine Gespenst steht in der Mitte.	*Das Gespensterkind liegt in der Mitte und schläft.*
Hört, die Turmglocke schlägt 1, das Gespenst kommt noch nicht.	*„Oh" machen.*
Hört, die Turmglocke schlägt 2, es kommt immer noch nicht.	*Mit der Achsel zucken.*
Hört, die Turmglocke schlägt 3, ein leichter Wind weht durch die Burg.	*„Schhh" machen.*
Hört, die Turmglocke schlägt 4, es bewegt sich etwas.	*Hin und her schwanken.*
Hört, die Turmglocke schlägt 5, es rasseln die Ketten.	*Leise mit den Dosen klappern.*
Hört, die Turmglocke schlägt 6, draußen hört man den Donner.	*Einmal kräftig in die Hände klatschen.*
Hört, die Turmglocke schlägt 7, der Regen prasselt gegen die Fenster.	*Immer lauter klatschen.*

Hört, die Turmglocke schlägt 8, es ist wieder ganz leise.	*Ganz still sein.*
Hört, die Turmglocke schlägt 9, eine Rüstung fällt um.	*Einmal laut mit den Dosen klappern.*
Hört, die Turmglocke schlägt 10, es quietscht eine Tür.	*Quietschgeräusche mit der Stimme machen.*
Hört, die Turmglocke schlägt 11, da kommt jemand mit großen Schritten.	*Beine auf und ab bewegen.*
Hört, die Turmglocke schlägt 12, das kleine Gespenst kommt! Lauft weg!	*Weglaufen.*

Das Kind in der Mitte springt auf und versucht, eines der weglaufenden Kinder zu fangen. Das erste gefangene Kind wird zum Gespenst.

Anmerkung:
Dieses Spiel kann wiederholt werden. Spannend ist es, dabei einige Uhrzeiten zu überspringen. Jetzt müssen die Kinder sehr genau auf die Tamburinschläge hören, um schnell zu wissen, welche Uhrzeit gemeint ist.

Spielvariante:
Die Erzieherin schlägt die Uhrzeit nur auf dem Tamburin und nennt sie nicht mehr.

Spielphase

Zwölferkreis

Die Kinder stehen im Kreis und ein Kind steht als Schiedsrichter in der Mitte. Aus dem Kreis beginnt ein Kind und ruft seinem rechten Nachbarn die Zahl „Eins" zu, dieser wiederum seinem rechten Nachbarn die Zahl „Zwei". So geht es weiter bis zur Zahl „Zwölf" und dann startet es wieder bei der Zahl „Eins". Es sollte schnell gezählt werden. Sobald ein Kind einen Fehler macht oder nicht weiter weiß, ruft der Schiedsrichter in der Mitte „Stopp" und die beiden Kinder wechseln die Plätze.

Wir bauen eine Sonnenuhr

Die Erzieherin erzählt: „Bevor es Uhren gab, haben sich die Menschen tatsächlich nach der Sonne und dem Mond gerichtet. Der Mond zeigte den Monat an: Von Neumond bis zum nächsten Neumond war ein Monat. Die Sonne gab den Tag an, von Sonnenaufgang bis Sonnenuntergang. Schließlich wurden Sanduhren erfunden, die nach einer bestimmten Zeit, wenn sie abgelaufen waren, umgedreht wurden. Die Menschen haben auch die Sonnenuhr erfunden und so den Tag in Stunden eingeteilt."

Die Kinder stehen im Kreis. Ein Kind steht in der Mitte des Kreises und hält einen Stab senkrecht in der Hand. Die Erzieherin schaltet eine starke Lampe an und bewegt diese, so dass der Stab der Reihe nach einen Schatten auf die im Kreis stehenden Kinder wirft. Die Erzieherin erzählt: „So funktioniert eine Sonnenuhr. Die Menschen haben den Tag und auch die Nacht in genau zwölf gleich große Teile eingeteilt und ein solches Teil nennt man Stunde. Die Stunden wurden auch in gleich große Teile geteilt, und zwar in 60, und diese nennt man Minuten. Heute hat man immer noch die gleiche Einteilung in Stunden und Minuten, aber man benutzt keine Sonnenuhr mehr. Klappt ja auch nicht immer, da bei uns die Sonne nicht immer gut zu sehen ist und nachts überhaupt nicht scheint."

Die Erzieherin zeigt im Folgenden eine Sammlung vieler verschiedener Uhren, z. B. Wecker, Armbanduhr, Küchenuhr, digitale Uhr, Eieruhr, Poster mit weiteren Uhren.

Wir „spielen" Uhr

Mit den Kindern zusammen werden die Zahlenkarten mit den Zahlen von 1 bis 12 wie ein großes Zifferblatt auf den Boden oder auf die Felder des Schwungtuches gelegt.
Dann zeigt die Erzieherin auf jedes Kind und ruft eine Uhrzeit. Nacheinander laufen alle Kinder zum entsprechenden Platz, setzen sich vor ihre Uhrzeit und benennen sie laut in die Runde.
Die Erzieherin zeigt einen kurzen Stab und erklärt, dass dieser der Stundenzeiger ist und im Laufe des Tages von Stunde zu Stunde wandert. Anschließend legt die Erzieherin einen langen Stab so in die Mitte, dass er auf die Zwölf zeigt, und erklärt, dass dies der große Zeiger ist, der in einer Stunde einmal ganz herum läuft, und immer, wenn er wieder auf der Zwölf angekommen ist, ist eine Stunde vorbei. Der kleine Zeiger läuft pro Runde des großen Zeigers eine Zahl weiter. Er ist also viel langsamer als der große.
Jetzt kann das Spiel beginnen. Die Erzieherin zeigt mit dem großen Zeiger auf die Zwölf und mit dem kleinen Zeiger auf das erste Kind. Dieses sagt seine Zahl und dahinter das Wort „Uhr". Dann dreht der große Zeiger wieder eine Runde und der kleine Zeiger geht ein Kind weiter. Dieses Kind sagt wiederum seine Uhrzeit. Die Reihenfolge wird so lange beibehalten, bis alle Kinder dran gewesen sind.

Hier folgen einige *Spielvorschläge*, wie das Spiel fortgesetzt werden kann. Es kann auch ein Kind die Rolle der Erzieherin übernehmen.

- Mindestens zwei Plätze sind frei. Die Erzieherin legt die Zeiger so, dass eine freie Zeit angezeigt wird und ruft eine besetzte Zeit. Dieses Kind muss auf den angezeigten freien Platz gehen und diese Uhrzeit rufen. Dann wird dieser Ablauf mit einem anderen freien Platz und Kind wiederholt.
- Die Erzieherin ruft die Uhrzeit eines mit einem Kind besetzten Platzes. Das entsprechende Kind darf sich einen der freien Plätze aussuchen, dorthin gehen und die Uhrzeit rufen. Die Erzieherin legt die Zeiger dazu.
- Die Erzieherin ruft zwei Uhrzeiten und diese Kinder müssen miteinander die Plätze tauschen.
- Das Kind auf „1 Uhr" ruft: „1 Uhr tauscht mit ... Uhr." Beide Kinder tauschen dann die Plätze und das Kind, das neu auf „ 1 Uhr" sitzt, tauscht wieder mit einem Kind seiner Wahl.

Abschluss

Wir basteln eine Uhr

Jedes Kind bekommt eine runde Pappe mit einem Loch in der Mitte (siehe S. 62). Am Rand sind in regelmäßigen Abständen 12 Punkte eingezeichnet, auf die die Kinder die 12 Zahlen des Zifferblattes und passend die Zählbilder aufkleben sollen. Dazu liegen ausgeschnittene Zahlen oder Zahlenaufkleber bereit. Zum Schluss werden mit einer Briefklammer noch zwei Zeiger angebracht. Fertig ist die Uhr!

Spielvariante:
Die Uhren können auch schon mit den Zeigern vorbereitet sein oder die Kopiervorlage (siehe S. 62) wird verwendet.

Die Uhr (Teil 2)

Material

- ✓ selbst gebastelte Uhren der letzten Stunde
- ✓ Zahlenkarten mit den Zahlen von 1 bis 12
- ✓ je 2 Zahlenkarten mit den Zahlen 9 und 10 für alle Kinder
- ✓ viele Sticker
- ✓ Beutel mit vielen Socken
- ✓ eine Wäscheklammer für jedes Kind
- ✓ 2 Papierhalbkreise in 2 verschiedenen Farben für jedes Kind
- ✓ verschiedene Instrumente, z. B. Rassel, Xylofon, Triangel, Tamburin, Becken
- ✓ Ball

Für die Spielvarianten: Handpuppe (z. B. Rabe)

Begrüßung

Ein Tag mit der Uhr

Jedes Kind nimmt seine selbst gebastelte Uhr aus der letzten Stunde in die Hand. Die Erzieherin erzählt die „Geschichte eines Tages" und entwickelt daraus ein Gespräch mit den Kindern. Mögliche Elemente sind z. B.

7 Uhr aufstehen
8 Uhr frühstücken
9 Uhr in den Kindergarten gehen
10 Uhr Morgenkreis
11 Uhr in den Wald gehen
12 Uhr die ersten Eltern holen die Kinder ab, nach Hause gehen
1 Uhr Mittagessen
2 Uhr Verabreden mit einem Freund
3 Uhr Fußball spielen
4 Uhr Waffeln essen
5 Uhr Lego spielen
6 Uhr wieder nach Hause gehen
7 Uhr Abendessen
8 Uhr Zähne putzen und ins Bett gehen
9 Uhr fest schlafen und schnarchen

Spielvariante:
Eine Handpuppe kann den Tagesablauf erzählen und dann auch mit den Kindern über die richtige Stellung der Zeiger reden.

Zahlenschritte 11 und 12

Die Zahlenschritte 11 und 12 werden gebastelt.

Spielphase

Die Sockenuhr

Es werden zwei Mannschaften gebildet und jedes Kind bekommt eine Wäscheklammer. Aus zwei Zahlenwegen mit Zahlen von 1 bis 12 wird für jede Gruppe ein Ziffernblatt auf dem Boden gelegt. Am Rand liegen viele alte Socken. Die Mannschaften sollen auf jede Ziffer des Ziffernblattes die entsprechende Anzahl von Socken legen, allerdings dürfen die Socken nur mit den Wäscheklammern bewegt werden.

Spielvariante:
Das Spiel kann auch als Wettspiel ausgeführt werden.

Die halben Stunden

Jedes Kind bekommt zwei Halbkreise aus Pappe in je einer anderen Farbe. Legt man sie zusammen, so bilden sie einen ganzen Kreis. Die Erzieherin schaut sich dieses Beispiel zusammen mit den Kindern an und erklärt mit Hilfe der Uhr den Bezug zu den halben Stunden: „Geht der große Zeiger z. B. bei 4 Uhr los, so heißt die nächste Stunde 5 Uhr. Ist er aber noch nicht ganz bei der Fünf, sondern erst den halben Kreis gegangen, so ist nur eine halbe Stunde vergangen und man sagt, es ist halb fünf."
Jedes Kind darf einmal eine halbe Stunde an seiner Uhr einstellen und die anderen Kinder versuchen, die Lösung zu nennen.

Uhrengeschichte

Jeweils zwei Kinder stellen eine Uhrenart dar. Dabei übernimmt ein Kind das Instrument und das andere führt die Bewegung aus.

Mögliche Kombinationen:

- kleiner Wecker: Rassel – im Kreis drehen
- Kuckucksuhr: Xylophon – rufen und mit dem Kopf wackeln
- Küchenuhr: Triangel – trippeln
- große Standuhr: Tamburin – stampfen
- Kirchturmglocke: Becken – langsame, große Schritte machen

1. Szene
Es war einmal ein kleiner Wecker. Frühmorgens um 7 Uhr rasselte er siebenmal, damit alle im Haus rechtzeitig zur Schule und zur Arbeit kamen. Dabei hörte er auch die anderen Uhren im Haus. „Ach", seufzte der kleine Wecker, „könnte ich mit den anderen Uhren im Haus reden. Ich wäre nicht so allein und hätte Freunde." Der kleine Wecker wurde müde und schlief wieder ein.

2. Szene
„Guten Morgen", rief eine dunkle Stimme. „Ich bin die Kuckucksuhr." Der kleine Wecker erschrak. In der Tür stand ein seltsames Ding. Ein Holzhäuschen mit zwei Zapfen. Plötzlich öffnete sich eine Tür im Dach des Häuschens und heraus schoss ein Vogel. Dieser rief achtmal „Kuckuck".

3. Szene
Der kleine Wecker und die Kuckucksuhr wurden schnell Freunde. Sie waren so begeistert, dass sie die kleine Küchenuhr nicht bemerkten. Mit einem leisen „Ticktack" kam sie ins Zimmer getrippelt. „Bitte, darf ich mich vorstellen?", sagte die kleine Küchenuhr und begann neunmal ein kräftiges Ticktack. Schnell fielen der Wecker und die Kuckucksuhr mit ein, denn es war schon wieder eine Stunde vergangen.

4. Szene
Da sprach der kleine Wecker zur Kuckucksuhr und der kleinen Küchenuhr: „Es wäre doch lustig und sehr vergnüglich, wenn wir auf Reisen gehen könnten." Die kleine Küchenuhr tickte leise und sagte: „Fragen wir doch erst die große Standuhr. Sie ist weise und klug." So riefen sie gemeinsam die große Standuhr. „Mit wem habe ich die Ehre?", fragte die Standuhr, als sie endlich den langen Weg vom Wohnzimmer zum Kinderzimmer geschafft hatte. „Mit dem kleinen

Wecker, mit der Küchenuhr und der Kuckucksuhr!", rief die Kuckucksuhr. „Kommst du mit auf Reisen?", fragte der kleine Wecker leise. Die Standuhr sah so groß und stark aus. „Das muss gut überlegt sein", brummte die Standuhr, „aber zuerst kommt die Arbeit", und dabei schlug sie zehnmal. Die anderen Uhren fielen rasch ein. Sie hätten fast schon wieder die Zeit vergessen.

5. Szene
Da blickte die Standuhr von einem zum anderen. „Die Menschen brauchen uns doch. Wenn sie uns nicht hätten, kämen sie zu spät zur Arbeit und sie gingen zu spät ins Bett. Ich habe einen besseren Vorschlag. Wir machen ein Uhrenkonzert. Jeder spielt etwas vor." Die anderen Uhren nickten begeistert. So rasselte der kleine Wecker eine Melodie. Die Kuckucksuhr spielte ihr Kuckuck, die kleine Küchenuhr und die Standuhr spielten zusammen. Da war wieder eine Stunde vorbei. Die Uhren schlugen gemeinsam 11 Uhr und der Wecker rasselte dazu.
„Ach, ist das schön", seufzte der kleine Wecker. „Es wäre toll, wenn wir zusammenbleiben könnten." „Klar!", antwortete die kleine Küchenuhr, „wir sind ja jeden Tag an unserem Platz und hören uns."

6. Szene
Da schlug die Kirchturmuhr zwölfmal. Der kleine Wecker wachte auf. „Habe ich das alles nur geträumt?", murmelte er. In der Wohnung waren nun viele Geräusche; die Menschen waren wieder da. Da hörte er plötzlich seine Freunde, die Kuckucksuhr, die kleine Küchenuhr und die große Standuhr. Sie schlugen zusammen etwas zu spät 12 Uhr. Aber das macht ja mal nichts.

Abschluss

Ballspiel

Alle Kinder stehen im Kreis mit dem Rücken zur Mitte. Die Beine sind gegrätscht, die Füße berühren die der Nachbarkinder und bilden so ein Tor. Ein Ball wird in der Mitte des Kreises hin und her gespielt, dabei beugen sich die Kinder nach vorne und spielen durch die gegrätschten Beine hindurch. Ziel des Spieles ist es, den Ball zwischen den Beinen eines anderen Kindes aus dem Kreis zu bringen. Man darf sein Tor mit den Händen schützen. Das Kind, das einen Ball durchlässt, muss ausscheiden. Sieger sind die beiden Kinder, die als letzte übrig bleiben.

Messen (im Raum)

Material

- ✓ 2 Klebestreifen
- ✓ mehrere Zollstöcke und Maßbänder
- ✓ Matte, Teppichfliese
- ✓ verschiedenfarbige Tücher, eine Farbe für jedes Kind
- ✓ alte Tageszeitungen

Begrüßung

Fischer, Fischer, wie tief ist das Wasser?

Ein Kind steht als Fischer auf einer Seite des Raumes und die restlichen Kinder auf der anderen. Die Gruppe ruft: „Fischer, Fischer, wie tief ist das Wasser?" Der Fischer antwortet: „Sieben Meter tief." Dabei kann er sich eine Zahl ausdenken. Die Gruppe fragt weiter: „Wie kommen wir hinüber?" Der Fischer gibt eine Anweisung, z. B. auf zwei Beinen hüpfen. Während die Kinder versuchen, gemäß der Anweisung auf die andere Seite zu gelangen, ohne zurückzulaufen, versucht der Fischer, die Kinder zu fangen. Gefangene Kinder helfen dem Fischer in der nächsten Runde. Das Kind, das als letztes übrig bleibt, ist im nächsten Spiel der neue Fischer.

Spielphase

Gespräch über die Geschichte des Messens

Die Erzieherin erzählt: „Wir haben schon einmal die Zeit gemessen. Was kann man denn noch alles messen?" Gemeinsam werden Ideen gesammelt.
Anschließend berichtet die Erzieherin vom Schneiderhandwerk: „Früher wurden Stoffe in Ellen gemessen, und zwar maß jeder Schneider mit seiner Elle. So kam es natürlich zu unterschiedlichen Längen, da jeder Mensch unterschiedlich lange Arme hat. Später nahm man einen Holzstab, der ungefähr so lang war wie eine Elle. Längen beim Bauen zum Beispiel wurden in Fuß gemessen."

Messen mit Füßen

Eine Strecke wird am Anfang und Ende durch Klebestreifen gekennzeichnet. Die Kinder bilden Zweiergruppen. Es soll gemessen werden, wie lang die Strecke ist. Ein Kind jeder Gruppe misst mit seinen Füßen die Strecke, das andere Kind hilft, dann wird gewechselt.
Am Ende wird verglichen, wobei es sicherlich zu unterschiedlichen Ergebnissen kommen wird. Darüber wird gesprochen.

Man kann das Phänomen der unterschiedlichen Größen zusätzlich noch durch eine kleine Erzählung verdeutlichen:
Jemand mit großen Füßen möchte ein Haus bauen und überlegt sich, dass das Haus 30 Füße hoch werden soll. Jemand anderes mit sehr kleinen Füßen baut das Haus nach diesen Angaben. Leider ist das Haus für den Bewohner jetzt viel zu klein und er passt noch nicht einmal durch die Tür.

Spielvariante:
Die Strecke wird mit möglichst großen Schritten abgemessen.

Messen mit Zollstock und Metermaß

Die Erzieherin erklärt, dass man sich vor langer Zeit überlegt hat, mit Zollstock und Metermaß zu messen, sodass man einheitliche Ergebnisse erzielt. In diesem Zusammenhang zeigt die Erzieherin den Kindern z. B. auf einem Zollstock die Länge, die mit einem Meter bezeichnet wird.
Jetzt wird in den Zweiergruppen dieselbe Strecke gemessen, diesmal mit Zollstock und Metermaß. Erneut wird darüber gesprochen, ob alle zum selben Ergebnis gekommen sind
Die Erzieherin liest die Werte ab. Die Kinder können die Werte natürlich noch nicht genau verstehen; entscheidend ist bei diesem Vorgehen, dass beim zweiten Abmessen alle zum gleichen Ergebnis gelangen, da der Meter eben genormt ist. Außerdem bekommen die Kinder eine Vorstellung davon, wie lang ein Meter ist.

Wie lang ist das?

Die Kinder messen verschiedene Dinge im Raum und vergleichen ihre Ergebnisse.

Farbenfangen

Alle Kinder stehen um eine Matte herum, wobei ein Fuß jedes Kindes auf der Matte stehen muss. Alle haben ein farbiges Tuch ums Handgelenk gebunden (verschiedene Farben) und tragen die Namen der jeweiligen Farbe. In der Mitte der Matte liegt eine Teppichfliese.
„Rot" beginnt und ruft zum Beispiel: „Ich rufe Grün!" Jetzt müssen alle von der Matte weglaufen, nur „Grün" läuft zur Fliese, springt darauf und ruft laut: „Stopp!" Jetzt müssen alle stehen bleiben. „Grün" versucht, von einer Stelle des Mattenrandes aus mit nur drei Schritten ein anderes Kind zu erreichen. Das so gefangene Kind darf in der nächsten Spielrunde eine Farbe aufrufen. Gelingt es dem Kind nicht, mit drei Schritten ein anderes zu berühren, so ist es an der Reihe, eine Farbe zu rufen.

Körpergrößen

Die Kinder messen sich in ihren Zweiergruppen gegenseitig.

Abschluss

Eisschollenlaufen

Eine bestimmte Strecke muss mit Hilfe von zwei Zeitungen zurückgelegt werden. Dazu stellt sich das Kind auf die erste Zeitung und legt die zweite vor sich. Dann steigt es auf die zweite und legt die erste Zeitung, die frei ist, wieder vor sich, steigt dann wieder darauf usw. So kommt es Zeitungsschritt für Zeitungsschritt vorwärts.

Messen (draußen)

Material

- ✓ einige Lupen und Becherlupen
- ✓ Metermaß
- ✓ einige ein Meter lange Stöcke mit Einkerbungen alle 10 cm
- ✓ Ferngläser
- ✓ Kreide und verschiedenfarbige Tücher, eines für jedes Kind
- ✓ 2 Gefäße mit einem Volumen von einem Liter
- ✓ ein Eimer

In diesem Kapitel machen wir keinen Vorschlag für einen Stundenablauf, sondern beschreiben Ideen, wie man draußen und im Wald mit den Kindern das Messen „erleben" kann.

Spielvorschläge

Was sehe ich auf einem Meter?

Mit Lupen, Becherlupen und anderen Behältern ausgerüstet geht man nach draußen. Dort wird mit einem Metermaß ein Meter ausgemessen bzw. ausgelegt. Dies kann man auf dem Waldboden oder auf einer Wiese machen. Alle schauen genau, was es zu entdecken gibt. Kleine Insekten und Pflanzen können in Becherlupen genauer betrachtet werden.

Wie tief ist der Bach?

Die Erzieherin hat einen Meter lange Stöcke vorbereitet, alle 10 cm befinden sich Einkerbungen. Die Kinder können damit die Tiefe des Baches ausmessen.

Welcher ist der dickste Baum?

Mit einem Metermaß messen wir den Umfang der Bäume und suchen den dicksten.

In die Ferne gucken

Jedes Kind erhält ein Fernglas und wird aufgefordert, sich damit weit entfernte Dinge anzusehen. Die Erzieherin kann erklären, dass Dinge in der Entfernung kleiner erscheinen, als sie tatsächlich sind.
Die Kinder können auch mit Entfernungen experimentieren: Zwei Kinder schauen durch die Ferngläser und sollen entscheiden, ob eine weiter weg stehende Kindergruppe auf sie zu geht oder ob sie sich entfernt, indem sie beobachten, ob die Kinder größer oder kleiner werden.

Farbenfangen

Das Spiel „Farbenfangen" (siehe Kapitel Messen, S. 47) kann auch draußen gespielt werden. Man malt mit Kreide einen großen Kreis mit einem kleinen Kreis zum Stopp-Rufen in der Mitte. Die Regeln können die gleichen sein.

Weitsprung

Eine Sandgrube oder eine Wiese eignet sich für einen Weitsprungwettbewerb. Die Kinder messen mit den einen Meter langen Stäben die gesprungene Weite.

Werfen mit Tannenzapfen

Die Kinder werfen mit Tannenzapfen von einer Markierung aus und messen anschließend, wer am weitesten geworfen hat.

Anmerkung:
Hieraus kann man auch eine Olympiade entwickeln, die zum Beispiel einen ganzen Tag dauert oder im Rahmen eines Festes ausgerichtet wird.

Wir spielen Feuerwehr

Zwei gleich große Mannschaften stehen sich gegenüber. Das erste Kind jeder Reihe steht nahe am Bach und hat ein 1-Liter-Gefäß in der Hand. Auf ein Startsignal hin müssen die Gefäße mit Wasser aus dem Bach gefüllt und von Kind zu Kind weitergegeben werden. Das letzte Kind gießt in einen bereitgestellten Eimer. Dann rennt es mit dem leeren Gefäß nach vorne, füllt es erneut und reicht es weiter. Dies geht so lange, bis die Wasserhöhe in einem der beiden Eimer eine vorher angebrachte Markierung erreicht hat.

Wiegen

Material

- ✓ verschiedene Waagen (z. B. Personenwaage, Küchenwaage)
- ✓ ca. 10 unterschiedlich schwere Gegenstände
- ✓ mehrere große und kleine Bausteine
- ✓ mehrere Tische
- ✓ Obst und Gemüse
- ✓ Kopftücher und Schürzen zum Verkleiden
- ✓ einige Körbe für die Kinder zum Einkaufen

Für die Spielvariante: Elektronische Waage

Kopiervorlagen: Karten mit Gewichten, S. 63

Begrüßung

Viele verschiedene Waagen

Verschiedene Waagen werden angeschaut. Die Kinder äußern Vermutungen, was man damit wiegen kann.

Wie schwer bin ich?

Alle Kinder wiegen sich auf der Personenwaage.

Spielphase

Schätze, wie schwer das ist!

Zehn verschiedene Gegenstände liegen in der Mitte. Die Kinder sollen die Gegenstände anheben und von leicht bis schwer geordnet in eine Reihe legen.

Wiege, wie schwer das ist!

Dann wiegen alle zusammen die Dinge mit einer Balkenwaage ab. Als Gewichte nimmt man große und kleine Bausteine. Auf vorbereiteten Karten (siehe S. 63) mit einem großen und einem kleinen Baustein trägt die Erzieherin die entsprechende Anzahl ein, die zum Aufwiegen des Gegenstandes notwenig war. Die Karte wird neben den Gegenstand gelegt.

Anmerkung:
Man kann auch leicht eine Waage selbst herstellen, indem man zwei Schalen mit einer Kordel an den beiden Seiten eines Kleiderbügels aufhängt. Der Kleiderbügel wird an einer Schnur beweglich aufgehängt (z. B. an einem Deckenhaken oder über einen Stuhl).

War unsere Schätzung richtig?

Sind alle Gegenstände abgewogen, wird überprüft, ob die Schätzung richtig war. Es entwickelt sich ein Gespräch über Dinge, die leichter oder schwerer geschätzt worden sind.

Spielvariante:
Man kann auch mit der elektronischen Waage kontrollieren.

Handwerksberufe

Es werden Handwerksberufe nachgeahmt, die mit Messen und Wiegen zu tun haben.
Die Kinder sind in zwei Mannschaften aufgeteilt und stehen sich an den Enden eines Spielfeldes gegenüber. Die erste Gruppe berät, welchen Handwerksberuf sie darstellen will, und spielt der anderen Gruppe den ausgewählten Beruf vor (z. B. Schreiner, Bäcker, Schmied, Schornsteinfeger).
Sobald die zweite Gruppe den Beruf erraten hat, laufen alle Kinder der ersten Gruppe auf ihren Platz zurück und die zweite Gruppe versucht, sie zu fangen. Wird ein Kind gefangen, wechselt es die Gruppe.

Abschluss

Markttag

Zum Schluss der Stunde bauen wir einen Marktplatz auf. Als Marktstände dienen Reifen oder Tische mit Obst und Gemüse. Die Kinder übernehmen die Rollen von Markthändlern und Käufern. Die Erzieherin spielt mit und kann den Kindern so zeigen, wie es auf dem Markt zugeht. Zwischendurch können die Rollen getauscht werden und am Ende wird alles gemeinsam aufgegessen. Dabei bietet es sich an, noch einmal über das Teilen zu reden, zum Beispiel beim Durchschneiden eines Apfels.

Kuchenbacken

Als Projekt an einem anderen Tag kann passend zu diesem Thema ein Kuchen gebacken werden und die Kinder wiegen die Zutaten aus.

Plus und Minus (Teil 1)

Material

- ✓ zweimal den ganzen Zahlenweg mit den Zahlen von 1 bis 10
- ✓ großer, gelber Kreis aus Pappe (Sonne)
- ✓ große Karten mit den Zeichen + und –
- ✓ 4 große Schaumstoffwürfel
- ✓ Scheren und Buntstifte für alle Kinder

Kopiervorlage: Rechenaffe, S. 64

Begrüßung

Wiederholung der Zahlen von 1 bis 10

Auf dem Boden verteilt liegen zweimal die Zahlenkarten von 1 bis 10 (d.h. 2 Zahlenwege). Die Kinder laufen durch den Raum. Die Erzieherin ruft eine Zahl und die Kinder laufen zur entsprechenden Zahlenkarte und springen darüber.

Spielphase

Sonnenspiel

In der Mitte liegt eine große, gelbe Sonne aus Tonpapier. Die Kinder nehmen die Karten eines Zahlenweges, sortieren gemeinsam die Zahlen in der richtigen Reihenfolge und legen sie so an die Sonne an, dass die Zahl 10 der Sonne am nächsten liegt.

Jedes Kind holt den eigenen Zahlenweg aus seiner Materialtasche und legt damit einen „Sonnenstrahl" zur Sonne hin (Zahlenkarten hintereinander). Am Ende stellt sich jedes Kind vor seine Zahl 1.

Einführung der Zeichen für Plus und Minus

Die Erzieherin erklärt Plus (vorwärts auf dem Zahlenweg, mehr) und Minus (rückwärts auf dem Zahlenweg, weniger) auf dem Zahlenweg und zeigt auf den Karten die entsprechenden Zeichen dazu.

Zahlengeschichten

Die Erzieherin erzählt Zahlengeschichten und hält die entsprechenden Rechenzeichen hoch. Die Kinder gehen den Rechenweg (langsam!) auf ihrem Zahlenweg ab und rufen am Ende die Lösung. Die Rechengeschichten werden in ihrem Schwierigkeitsgrad gesteigert.

Anmerkung:
Erfahrungsgemäß wollen die Kinder gerne eigene Rechengeschichten erfinden. Dies wird von der Erzieherin aufgegriffen und so gelenkt, dass es den eingeführten Zahlenbereich nicht überschreitet.

Man beginnt mit *Plus-Aufgaben*. Dabei steigert man die Anzahl der Rechenoperationen pro Rechengeschichte. Lustig ist es, in den Geschichten Namen anwesender Kinder zu verwenden. Die Kinder fühlen sich persönlich angesprochen und die Aufmerksamkeit wird so erhöht. Man kann das Kind auch fragen, mit welchen Gegenständen gerechnet werden soll (Puppen, Autos ...).

Beispiele für Zahlengeschichten:

- Rudi und Stefan spielen zusammen mit Autos. Rudi hat zwei gelbe Rennwagen und Stefan drei grüne. Wie viele Autos haben sie gemeinsam?
- Anna sammelt Briefmarken. Oma schenkt ihr zwei zum Geburtstag. Von Papa bekommt sie eine aus Amerika und ihre Freundin Lena bringt ihr noch vier mit, die sie selbst von Briefen abgelöst hat. Wie viele Briefmarken hat Anna?

Bei *Minus-Aufgaben* beginnt man mit Aufgaben, bei denen von einer vorhandenen Menge etwas abgezogen wird. Die Fragestellung hier lautet: Wie viel bleibt übrig?

Beispiele für Zahlengeschichten:

- Hans hat acht Kaugummis in seiner Tasche. Doch als er nach Hause kommt, merkt er, dass er zwei verloren hat. Wie viele kann er noch kauen?
- Otto hat zehn Buntstifte zum Geburtstag bekommen. Leider ist er nicht sehr ordentlich und so verliert er gleich am nächsten Tag den roten Stift. Zwei Tage später fehlen noch mal vier Stifte. Wie viele bleiben übrig?

Eine Steigerung im Minusrechnen stellen die Aufgaben dar, bei denen die Fragestellung lautet: Wie viele fehlen noch?

Beispiele für Zahlengeschichten:

- Sonja macht Hausaufgaben. Sie soll zehn Rechenaufgaben lösen. Fünf hat sie schon gerechnet. Wie viele fehlen noch?
- Kevin sammelt Sticker. Er hat schon drei Elefantenbilder von insgesamt acht. Wie viele fehlen ihm noch, damit die Elefantenseite voll beklebt ist?

Würfeln

Es werden zwei Mannschaften gebildet und jede erhält zwei große Schaumstoffwürfel. Die erste Mannschaft würfelt mit beiden Würfeln und die Kinder benennen laut die beiden Augenzahlen. Die Summe der beiden Würfel wird abgezählt. Die zweite Mannschaft wiederholt das Gleiche mit ihren Würfeln. Es gibt einen Punkt für die Mannschaft mit der höheren Summe. Die Erzieherin wiederholt beide Summen und fragt, welche Zahl die größere (kleinere) ist. Für die richtige Antwort gibt es wiederum einen Punkt.

Rechenaufgaben mit Zahlen

Die Erzieherin stellt Rechenaufgaben (Plus- und Minus-Aufgaben; Steigerungen wie oben beschrieben), diesmal, ohne Geschichten dazu zu erzählen; es werden also nur die Zahlen genannt. Die Kinder gehen wieder auf ihrem Zahlenweg und rufen die Lösung. Es kann auch ein Kind die Rolle der Erzieherin übernehmen.

Abschluss

Wir basteln einen „Rechenaffen"

Die Kinder bekommen ein Blatt, auf dem ein Affe (siehe S. 64) abgebildet ist. Sie schneiden ihn aus und malen ihn an. Zum Schluss werden die beiden gestrichelten Linien auf dem Bauch des Affen eingekerbt, es entsteht ein Balken, hinter welchem ein Zahlenstreifen mit den Zahlen von 1 bis 10 (siehe Kopiervorlage, S. 64) durchgeschoben wird. Die Kinder können Rechenaufgaben mit Hilfe dieses Zahlenstreifens lösen, indem sie die Ausgangszahl oberhalb des Balkens einstellen und den Streifen nach oben oder unten ziehen, je nach Aufgabenstellung.

Plus und Minus (Teil 2)

Material

- ✓ einen Eierkarton (Zehnerkarton) für jedes Kind
- ✓ Stifte für alle Kinder
- ✓ mindestens 10 Steine für jedes Kind
- ✓ Handpuppe (z. B. Rabe)
- ✓ 10 Teppichfliesen
- ✓ mehrere Spielzeugautos, Luftballons, Bonbons, Bausteine
- ✓ 2 Tennisbälle, 10 Dosen

Begrüßung

Wir bauen eine Maschine

Jedes Kind bekommt eine Bewegung und ein Geräusch zugeordnet. Dabei bringen alle ihre Ideen ein. Aus diesen „Einzelteilen" wird dann eine Maschine gebaut, indem die Kinder sich willkürlich umeinander anordnen, ihre Bewegung und ihr Geräusch machen und so eine große Maschine entsteht.

Spielphase

Wie viele Teppichfliesen fehlen noch?

Im Raum liegen drei Teppichfliesen in einer Reihe, so dass drei Kinder darauf sitzen können. Die Kinder sollen überlegen, wie viele Fliesen noch fehlen, damit alle einen Platz haben. Die restlichen Fliesen werden geholt und in einem Kreis angeordnet. Alle Kinder nehmen Platz.

Wir bauen eine Rechenmaschine

Jedes Kind bekommt eine „Rechenmaschine" (Eier-Zehnerkarton) und darf sie nach eigenen Vorstellungen anmalen. Danach werden viele Steine in die Mitte des Kreises gelegt (mindestens zehn pro Kind). Die Kinder sollen in jedes Fach des Eierkartons einen Stein legen und dabei zählen, wie viele Steine sie benötigen.

„Immer eins mehr"

Die Steine werden wieder ausgekippt und nur ein Stein in den Karton hineingelegt. Jetzt wird nacheinander immer ein Stein dazugelegt und dabei laut gerechnet (1 + 1 = 2, 2 + 1 = 3, 3 + 1 = 4 usw.), bis der Karton wieder komplett gefüllt ist.

„Immer eins weniger"

Dann arbeiten die Kinder nach dem gleichen Schema, nur diesmal rückwärts, d. h. es wird immer ein Stein herausgenommen (10 – 1 = 9, 9 – 1 = 8 usw.), bis der Karton wieder geleert ist.

Spielvariante:
Man kann die gleichen Abläufe jetzt mit „+2" und „-2" durchspielen.

Kleine Rechenaufgaben mit Kraks, dem Raben

Die Erzieherin stellt den Kindern mit Hilfe der bereits bekannten Handpuppe Kraks (Rabe) kleine Rechenaufgaben. Dafür sollten die Kinder dem Raben vorher noch mal erklären, wie man mit der Eierkarton-Rechenmaschine arbeitet. Kraks kann den Kindern auch helfen oder auch offensichtliche Fehler machen, die die Kinder korrigieren.
Dann darf jedes Kind selbst eine Aufgabe stellen. Alle rechnen sie aus und sagen nacheinander ihr Ergebnis. Das Kind, welches die Aufgabe gestellt hat, überprüft dann das Ergebnis.

Rabe Kraks erzählt Rechengeschichten

Der Rabe erzählt Rechengeschichten und die Kinder verfolgen die versteckten Rechenaufgaben und arbeiten mit ihrer „Rechenmaschine" (Eierkarton).

Beispiele für Rechengeschichten:

- Otto hat auf der Kirmes zehn Luftballons gewonnen. Auf dem Heimweg platzen gleich drei (10 – 3 = 7). Die anderen kann er heil nach Hause bringen. Seine kleine Schwester und sein Bruder wollen natürlich auch einen Ballon. Also gibt er jedem einen ab (7 – 2 = 5). Wie viele Ballons bleiben Otto?
  Die Geschichte kann mit echten Luftballons illustriert werden.
- Egon räumt auf. Er findet einen Spielzeuglaster, den er schon lange gesucht hat, unter dem Bett. Zwei Rennwagen liegen auf dem Tisch (1 + 2 = 3). Seine Mutter fällt über zwei rote Autos direkt vor der Tür (3 + 2 = 5). Jetzt fehlt ihm nur noch sein Lieblingsauto. Als er es findet, ist er ganz glücklich (5 + 1 = 6). Wie viele Autos sind verschwunden gewesen?
  Auch hier wird die Aufgabe mit Spielzeugautos nachgestellt und im Eierkarton nachgelegt.

Vervielfachen und Teilen

Die Erzieherin muss entscheiden, ob sie den Kindern leichte Mal- und Teilaufgaben stellen kann. Es geht nicht darum, den Kindern Multiplizieren und Dividieren zu erklären, sondern einfach Aufgabenstellungen ihres Alltags aufzugreifen und ihre Kombinationsgabe anzuregen.

Mögliche Aufgabenstellungen:

- Peter bekommt zehn Bonbons von Oma geschenkt. Er lutscht zwei davon (10 – 2 = 8). Dann besucht er Klaus, seinen besten Freund. Er gibt ihm zwei Bonbons ab (8 – 2 = 6). Zu Hause bekommt Ina, seine Schwester, die Hälfte von denen, die er noch in der Tasche hat (6 : 2 = 3). Wie viele hat er noch übrig?
  Natürlich hat der Rabe auch echte Bonbons dabei und die Aufgabe wird damit veranschaulicht, während die Kinder auch in ihren Eierkartons die Aufgabe nachlegen. Am Ende werden die Bonbons an die Kinder verteilt.
- Klaus kauft zehn Brötchen ein. Seine Familie besteht aus fünf Leuten. Wie viele Brötchen bekommt jeder?
  Die Kinder können in ihrem Eierkarton die Szene nachstellen und durch Ausprobieren auf die Lösung kommen.
- Hans lädt drei Freunde zu seinem Geburtstag ein. Er bekommt von jedem zwei Luftballons geschenkt. Wie viele Luftballons hat er?
  Auch hier legen die Kinder die Geschichte mit den Steinen nach.

Abschluss

Dosenwerfen

Es werden zwei Mannschaften gebildet. Zehn Dosen sind aufgebaut. Ein Kind der ersten Mannschaft wirft zweimal mit einem Tennisball von einer markierten Linie aus auf die Dosen. Anschließend soll die Mannschaft sagen, wie viele Dosen noch stehen und wie viele Dosen umgeworfen wurden. Dann ist die zweite Mannschaft an der Reihe. Nach diesen zwei Würfen bekommt die Mannschaft einen Punkt, die am meisten Dosen geworfen hat, und die nächsten beiden Kinder sind an der Reihe. Es kann beliebig viele Durchgänge geben.

Mein Dackel Waldemar und ich

mündlich überliefert

Mein Dackel Waldemar und ich, wir zwei,	*(zwei Finger zeigen)*
wir wohnen Regenbogenstraße drei,	*(mit den Händen einen Bogen machen und drei Finger zeigen)*
und wenn wir abends mal 'ne Runde drehn,	*(alle Kinder drehen sich im Kreis)*
dann könnt ihr Dackelbeine wackeln sehn.	*(mit den Knien hin- und herwackeln und dabei mit den Armen, die Hände liegen auf den Knien, immer wieder überkreuzen)*

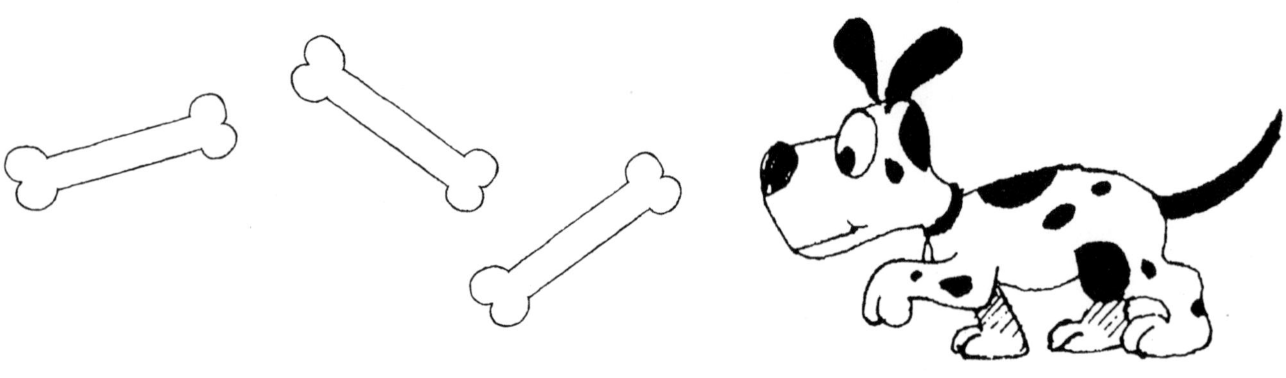

Schmetterlinge

Anmerkung: Diesen Schmetterling sechsmal kopieren – auf verschiedenfarbige Blätter – und in sechs Teile schneiden.

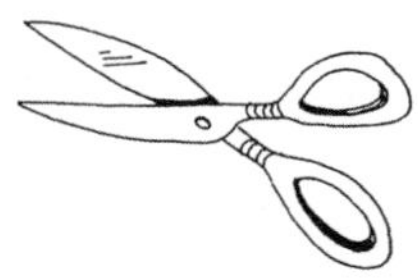

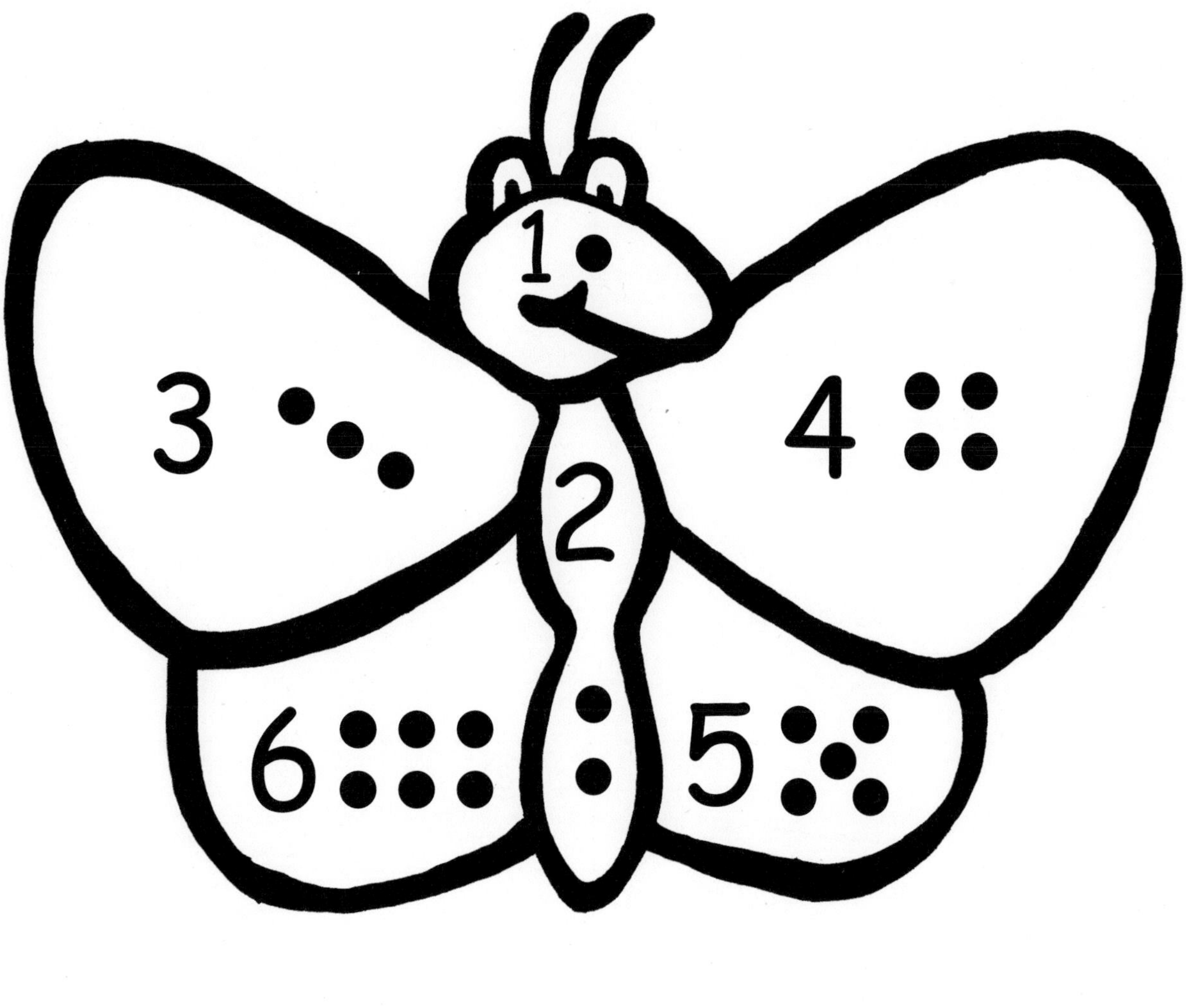

Bastelanleitung für Flieger

Anmerkung: Die Erzieherin sollte das Falten Schritt für Schritt vormachen. Die Abbildungen können dabei unterstützend wirken.

①

Blatt falten.

②

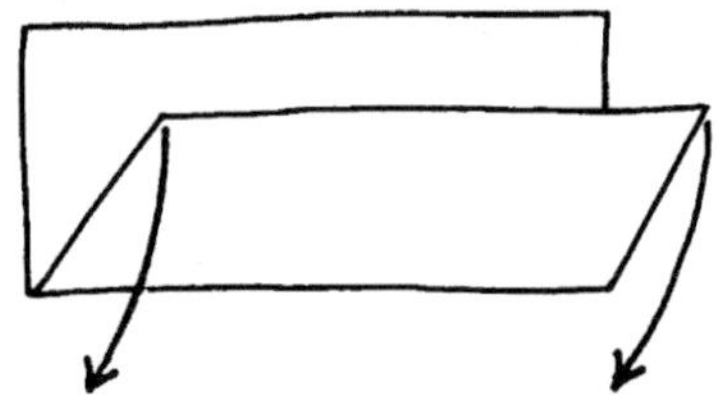

Aufklappen.

③

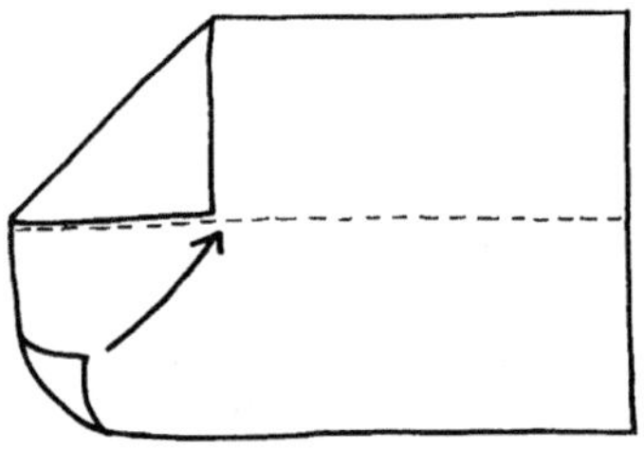

Ecken einer Seite
zur Faltlinie falten.

④

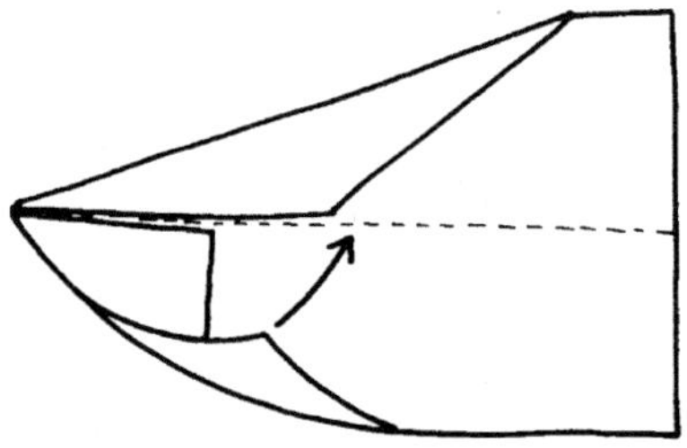

Schräge Seiten zur
Faltlinie falten.

⑤

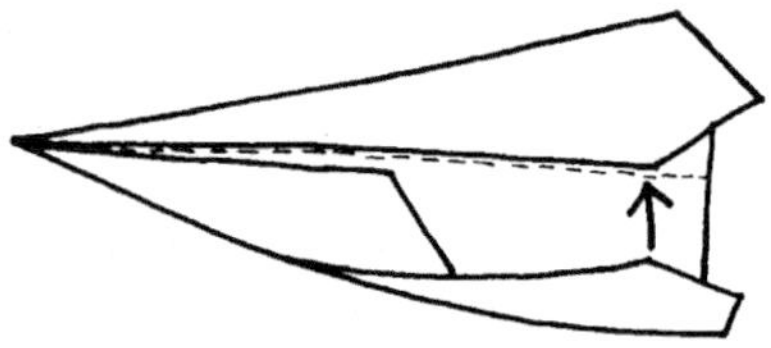

Schräge Seiten nochmals zur
Faltlinie falten.

⑥

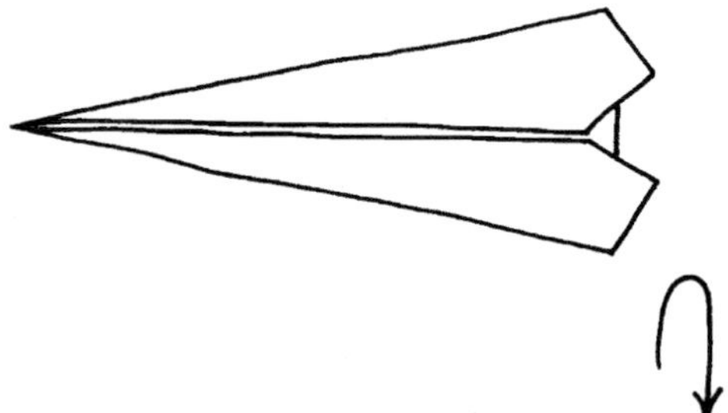

Umdrehen.

⑦

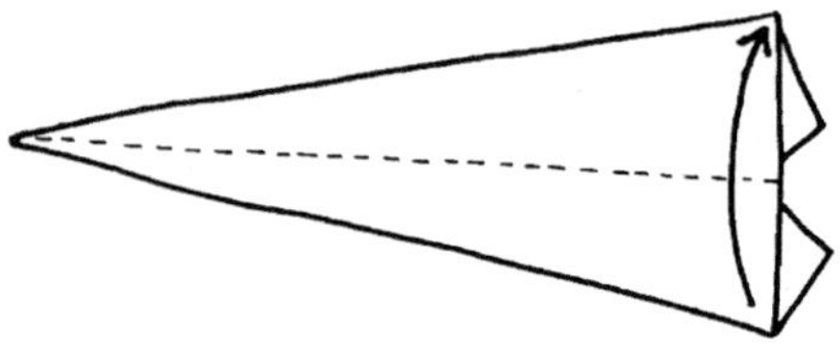

Auf die Hälfte falten.

⑧

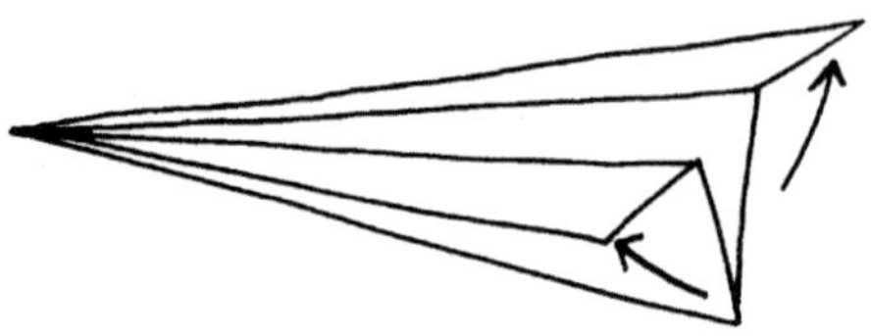

Seitenteile nach außen stellen.

Für die Praxiseinheit „Vergleichen", S. 32

Spannenlanger Hansel, nudeldicke Dirn

2. Lauf' doch nicht so narrisch,
spannenlanger Hans.
Ich verlier' die Birnen
und die Schuh' noch ganz.
Trägst ja nur die kleinen,
nudeldicke Dirn'.
Und ich schlepp' den schweren Sack
mit den großen Birn'.

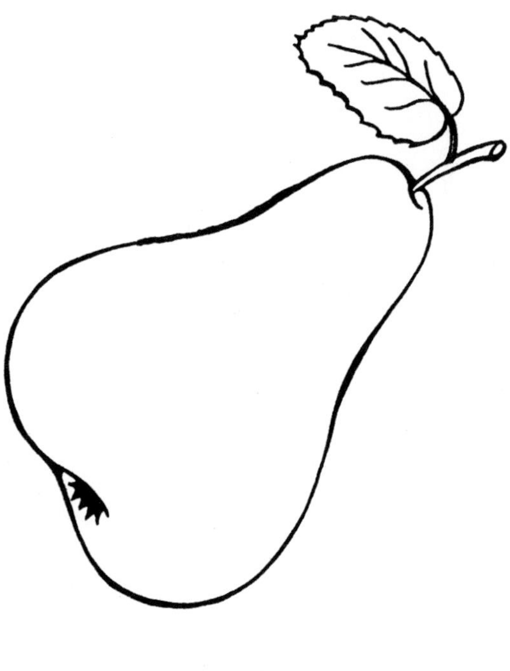

Symbole für die vier Jahreszeiten

Wochenhaus

Anmerkung: In den Rahmen können die sieben Zettel mit je ein bis sieben Punkten übereinander geheftet werden. Evtl. können die Namen der Wochentage klein unter die Punkte geschrieben werden, dann lernen die Kinder die Wortbilder kennen.

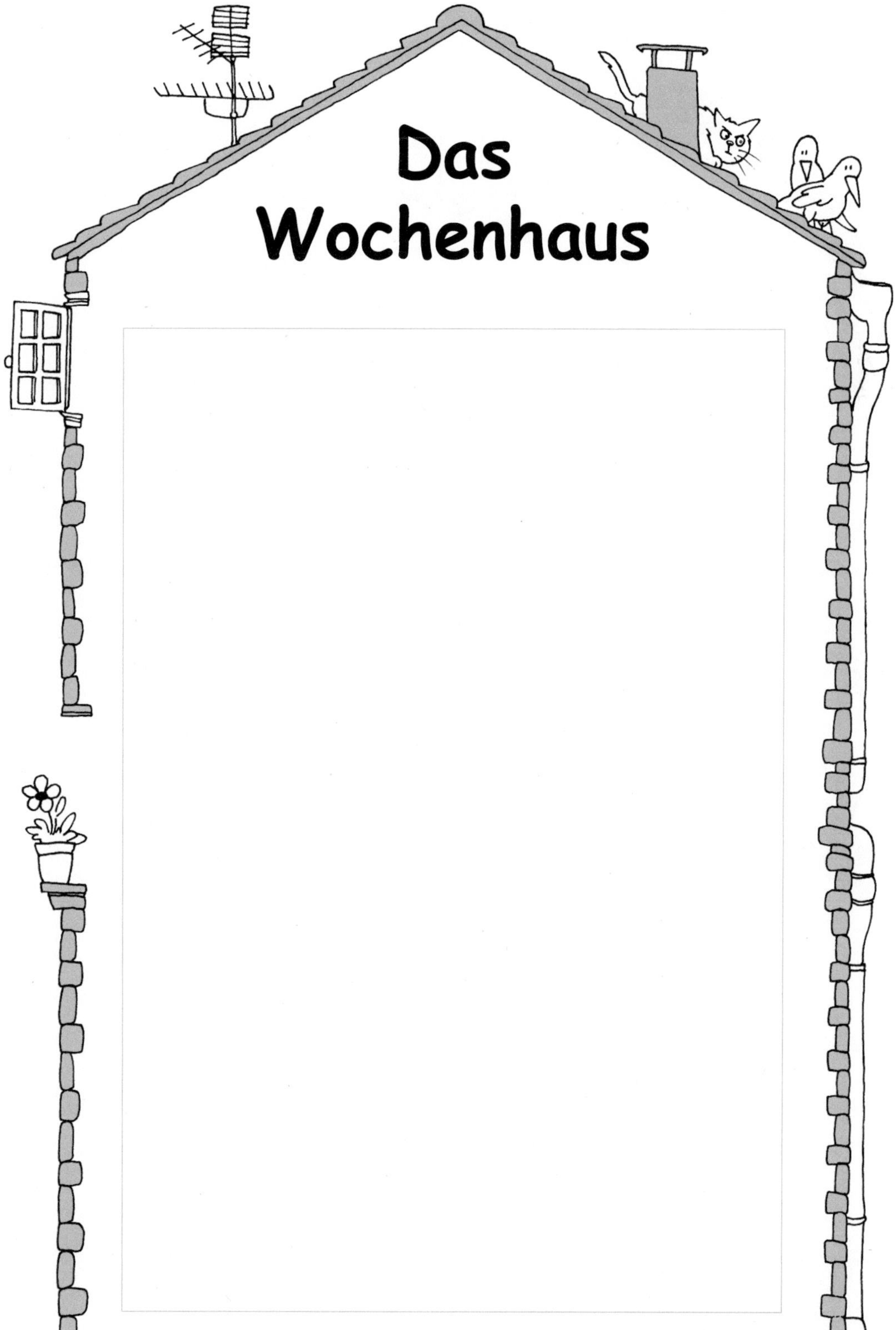

Für die Praxiseinheit „Die Uhr (Teil 1)", S. 40

Uhrenmodell

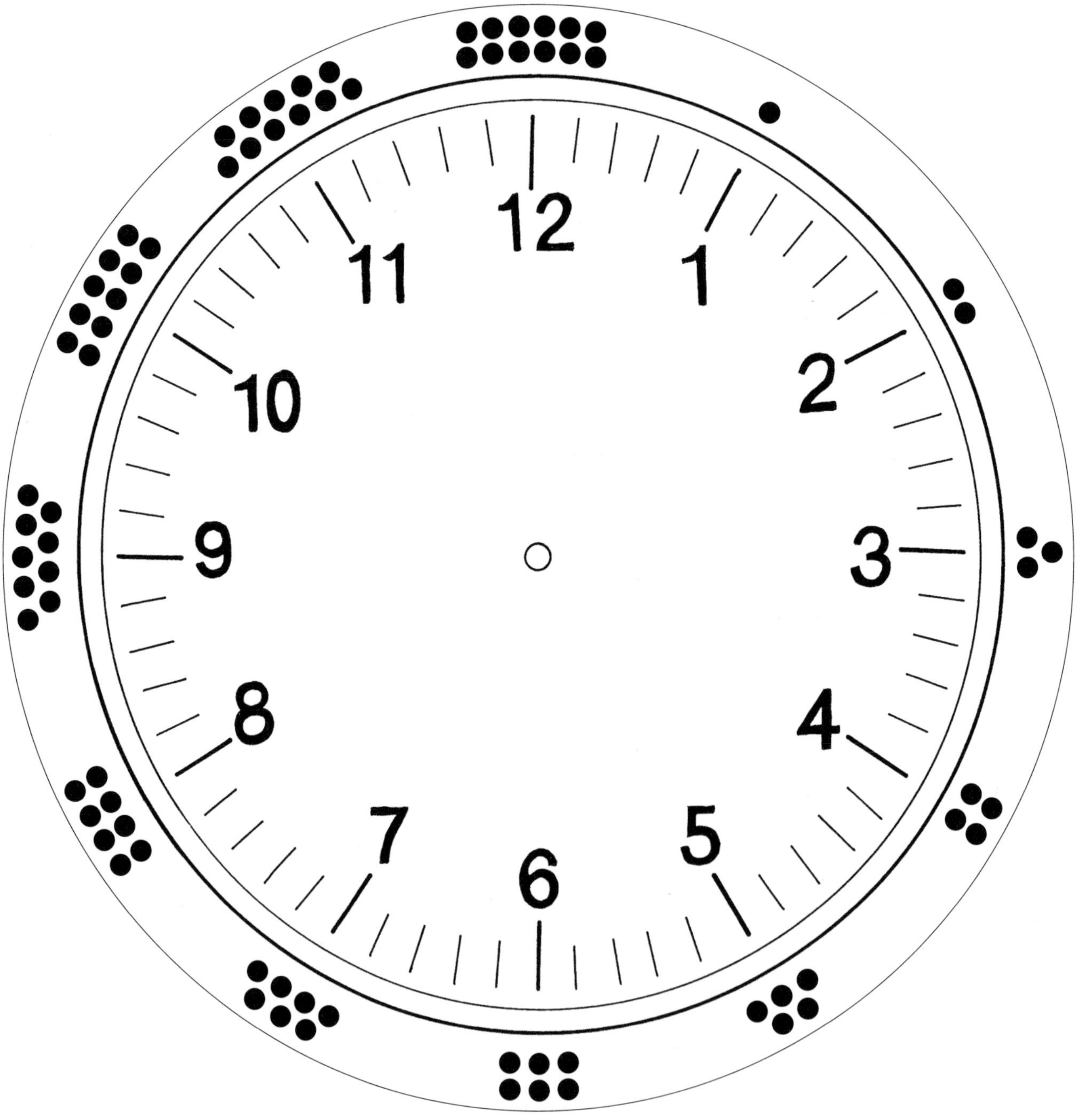

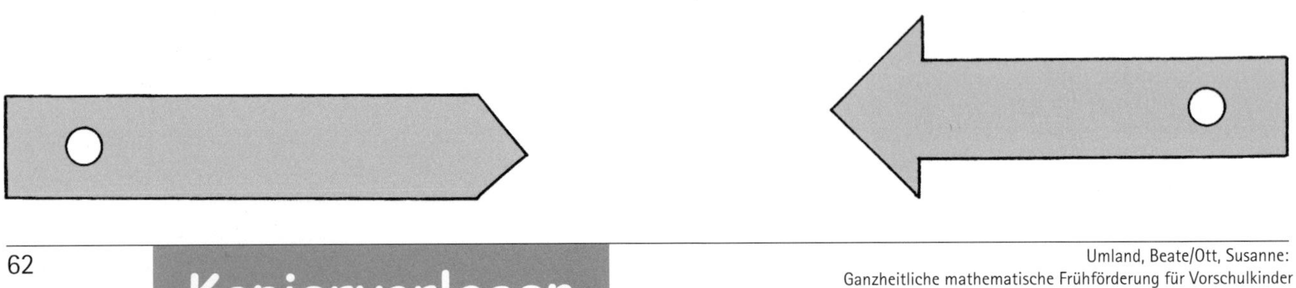

Karten mit Gewichten

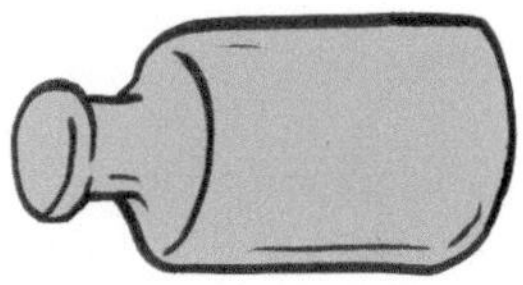

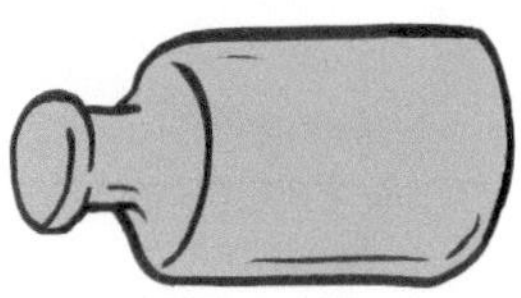

1
2
3
4
5
6
7
8
9
10